幽默与沟通

欣溶⊙编著

中国华侨出版社

·北京·

　　幽默，是一个外来词，由英文音译而来。而英文中的这个词则来源于拉丁文，幽默有广义与狭义之分，在西文用法中，常包括一切使人发笑的文字，也包括鄙俗的笑话在内……在狭义上，幽默是与讥讽、揶揄区别的。"幽默"一词的广泛运用，要归功于英国人文主义戏剧家琼生，而最初将"幽默"一词移入中国的要首推林语堂了。口才，在《现代汉语》里面的解释为：说话的能力。《孔子家语·七十二弟子解》："宰予字子我，鲁人，有口才著名。"口才发展到现代，已经不仅仅是"口"上的能力，还包含了身体语言、观察能力和思维能力。

　　沟通，就是与人交往的才能。一个人沟通的才能是他综合素质中的一个重要方面。每个人都生活在社会中，都需要与人交往、与人沟通，这就需要说话，而说话的本领有高低之分。口才好的人，能说会道，能言善辩，这是一种优点；而口才不好，往往是一种遗憾。口才好的人，讲起话来幽默生动，妙趣横生，使人听得津津有味，如同艺术享受；反之，则使人昏昏欲睡，好似身受折磨。对同样的问题，口才好的人去劝说别人，就能说服；去谈判，就能成功；去辩护，就能胜利。相反，口才不好的人则往往失败。所以，不同的说话方式，会收到不同的沟通效果。

幽默不仅仅是社交的法宝，更是一门生活的艺术。它不等同于滑稽与搞笑的做作，表现的是一种纯粹的生活态度。沟通能力是人一生中最难能可贵的本领和技术，是决定一个人生活及事业优劣成败的一个因素。

幽默作为我们日常生活中必不可少的工具，它可以使生活中的矛盾和争端得到缓解，也可以使人变得信心无限。幽默是智慧的迸发，是善良的表达，是人生的助推器，更是一种胸怀、一种境界。正如著名作家王蒙所说："幽默是一种成人的智慧，一种穿透力。一两句就把那畸形的、讳莫如深的东西端了出来。既包含着无可奈何，更包含着健康的希冀。"

本书分为幽默的力量、幽默的应用和幽默的提升上、中、下三篇。上篇具体介绍幽默与沟通在生活中的重要性和智慧所在，让读者在最短的时间内领会幽默与沟通的真谛。中篇分别从处世、社交、做事、谈判、职场、生活等方面，结合具体案例生动、具体地讲述了幽默与沟通在现实应用中的独特魅力。无论是没有任何准备的即兴幽默，还是准备充分的演讲幽默、说服幽默，其蕴含的睿智与机敏都能在融洽的氛围中说好难说的话，办好难办的事。下篇从实际应用出发，为读者具体传授幽默与沟通的技巧和方法。读者通过不断学习这些方法和技巧以及通过在现实生活中的灵活运用，一定会成为一个沟通能力俱佳的幽默高手。说幽默话，做幽默人，你将成为一个最受欢迎的人。幽默的沟通艺术是一个人走向成功的捷径，幽默能够让你成为一个不怕困难，能把困难"笑"倒的人，让你成为人生旅途中笑到最后的人。

上篇 幽默的力量
　　——嘴上功夫，彰显人生智慧

中篇　幽默的应用

——身临其境，学会幽默待人

第1章　即兴幽默——急中生智，瞬间打动他人

第2章　处世幽默——柔以避祸，笑以挡灾

下篇　幽默的提升

——掌握技巧，成为幽默大师

第1章　幽默形式——多元幽默开胃大杂烩

第2章　幽默技巧——三分靠天生，七分靠培养

第6章 幽默逻辑——有逻辑条理方有说服力

第7章 幽默思维——让创新思维提升智慧幽默

上 篇

幽默的力量

——嘴上功夫，彰显人生智慧

第 *1* 章
幽默的人生，精彩的智慧

幽默是一种智慧力量

什么是幽默呢？"幽默"这个词起源于古罗马人的拉丁文，形成于古法文，起初是个医学术语，指人的体液。它作为美学范畴的一种特定含义是在16世纪以后出现的。汉语中最早出现"幽默"一词，据考是在《楚辞·九章·怀沙》中，是寂静无声的意思，与现在所说的"幽默"不同。我们现在说的"幽默"一词是英语"humour"的音译，有"会心的微笑""谑而不虐""非低级趣味的、只可意会的诙谐"等意义。而这种解释只是书面上的。

王蒙说，幽默是一种成人的智慧，一种穿透力，一两句就把那畸形的、讳莫如深的东西端了出来。既包含着无可奈何，更包含着健康的希冀。

可见幽默是一种人生的智慧。它体现的是一种才华，展现的是一种力量，它是文明的产物。

幽默之所以被称为一种智慧，是因为幽默带来的笑声完全不同于小丑在众人面前的要宝，它需要在智慧积淀的思维基础上，以优雅的风度来呈现出自己的睿智。幽默的语言特色往往是一语中的而又不失趣味的。

幽默有两个基本特点：

（1）必须有趣味点。即是说幽默必须具有美感特征，如果只是一味地用来讽刺他人而使自己畅快，却忽略了他人的感受，那样的幽默会造成他人的厌恶与反感。

（2）必须意味深长。幽默就像是一杯醇酒，越品越会拥有醉人的味道。幽默的智慧性来自自身深刻的生活体验、敏锐的洞察力、丰富的想象力、良好的素养与语言表达能力，以及优雅的风度与乐观的情绪。

丘吉尔是"二战"时反法西斯阵营的"三巨头"之一，曾连续两次担任英国首相，直到今天，人们仍将他列为 20 世纪最重要的政治领袖之一。除此之外，他还是演说家、作家、记者、历史学家和画家，并于 1953 年获得诺贝尔文学奖。他也是一位机敏睿智的幽默大师，思维敏捷，语言机智，常常用幽默的语言化被动为主动，捍卫自己和国家的尊严。

有一次，萧伯纳为庆贺自己的新剧本演出，特发电报邀请丘吉尔看戏："今特为阁下预留戏票数张，敬请光临指教，并欢迎你带友人来——如果你还有朋友的话。"丘吉尔看到后立即复电："本人因故不能参加首场公演，拟参加第二场公演——如果你的剧本能公演两场的话。"

丘吉尔善用幽默的智慧由此可见一斑。一个具有幽默感的人，一定具有强大的人格魅力，因为他总能强烈地感受到自己力量的存在，所以能够从容地应对各种尴尬困苦的窘境。

在阿拉曼战役前夕，丘吉尔召见了他的得力将领蒙哥马利将军。在谈话中，丘吉尔提议他应该研究一下逻辑。疆场勇士蒙哥马利担心自己会陷入纠缠不清的逻辑命题中，便找了个借口推托。他对丘吉尔说："首相先生，你知道，有这样一句谚语：'了解和亲昵会产生轻蔑。'也许我越是研究逻辑，便会越加轻视它。"

丘吉尔取下烟斗说："不过我要提醒你，没有一定程度的了解和亲昵，什么也不会产生出来的。"

就是通过这样直白坦率而又幽默的方式，丘吉尔最终总是能够说服自己的属下，并赢得他人的信任与尊重。丘吉尔的幽默是一种智慧，更是一种胸襟和力量。他曾经两次当选英国首相，被认为是20世纪最重要的政治领袖之一。

幽默并不仅仅是一种单纯的说笑，它还是一种智慧的迸发、善良的表达，是交往的润滑剂，更是一种胸怀和境界。幽默不仅能增进你和他人之间的友谊，更能使一些误解得到消除。幽默的力量就像太阳的光芒一样，可以使这个世界变得温暖明媚。

幽默是一种灵性修养

幽默口才的完善是很长一段时间集思想、语言行为、仪态、情绪等各个方面综合磨炼的过程,亦是内在修养提升的过程。在幽默口才的积累中,这一过程应被视为心理的准备与承受过程。

有些人喜欢抬杠,搭上话就针锋相对,无论别人说什么,他总要反驳。这是个最可怕的习惯,犯这种毛病的人很多,而且每每自己都不知道。为什么会这样呢?因为他不喜欢听取别人的意见,在心中只有自己,而且他自以为比别人高明。即使真的见识比别人高明,这种态度也是要不得的。唯一改善的方法是养成尊重别人的习惯。幽默口才是一种表达情意、与人交际的才能,但它不只是靠语言完成的,还要靠风度。纪伯伦曾经说过:大智慧才算得上一种大涵养,只有有涵养的人才善于学习,而我们可以从健谈的人身上学习到静默。

在幽默口才的内在修养上,修养本身是修内在的承受力与胸怀,重要的是别把自己的功夫花在装腔作势上。我们无法更清晰地剖开所有人的"外衣",只是我们潜意识里感到,一个人在拥有好口才的同时,一定要认清自己的真相,使心理与行为一致。通过自我研究,便能够客观地了解自己,就会发现自己的长处和短处了。如果能够养成这样一个习惯,对自己的工作、学习和生活会非常有帮助;并且只要不断地努力下去,你的潜能终会逐日显露出来,你拥有的长处也就能获得充分施展了。

富兰克林是个口才很好的政治家,但他仍十分重视语言修为。他早年曾经做了一张表,表上列举出各种他要用来改善自己的美德。后来,他又找出了还有一种应该实行的美德,跟谈话艺术有极大的关联。他说:"我在自我完善的计划里,最初想做到的有 12 种美德,但有一个做教徒的朋友,有一天前来向我说大家都认为我太自傲，原因是我的骄傲常在谈话中显露。当辩论一个问题时，我不但固执地表现我自以为正确的主张，而且有些轻蔑别人的样子。我听了他这话，立刻就想矫正这种缺点，因而在我表上的最后一行加了'虚心'这一条。这样不多久，我果然发觉改变后的态度使我获益不少。因为事实告诉我，我无论在哪里，若陈述意见时用谦虚的方式，会令人家容易接受而绝少反对；即使说错了话，自己也不致受窘了。"

靠着这种谦虚的口才修养，富兰克林成为美国出色的且受人尊敬的政治家。

一个注重言语修为的人，一个有益于他人的人，自然易于为他人所接受，他的话也就可能被别人奉为圭臬。"文如其人"是从写作角度说的，我们也完全有理由说"言如其人"。通过言语表现出来的心理上的专注力、耐受力、进取心等品质，将使你更具个人魅力，使你的幽默更富内涵。

幽默是一种生活态度

幽默是一种笑面人生的生活态度。罗丹说，"生活中不是缺少美，而是缺少发现美的眼睛"，懂幽默的人就长了一双发现美的眼睛，一张享受美的嘴巴。世界在他们的眼睛中是彩色的，是充满希望与美好的。他们的幽默习惯，于己，让日子多些乐趣；于人，彼此多些轻松。

启功先生是中国知名书法家，他的前半生可以说是充满坎坷和艰辛，1岁丧父，10岁祖父过世，家道中落，再无钱读书。在祖父门生的极力相助之下，他才勉强读到中学。启功中学尚未毕业时就由于不愿再拖累别人，决心自谋生路。经祖父的旧识傅增湘先生介绍，他结识了辅仁大学校长陈垣，经陈垣介绍他从事了一份工作，却因没有文凭而被炒。但启功却没有绝望，一边靠卖字画为生，一边自学，终于在辅仁大学谋到一个教职。

经过无数人生历练的启功先生，不但在艺术上取得了非凡的成就，而且也在心灵上步入了大彻大悟之境，生命中充满着一种"身心无挂碍，随处任方圆"的大气和洒脱。

启功先生成名之后，便经常有人模仿他的笔墨在市面上出售。有一次他和几个朋友走在大街上，路过一个专营名人字画的铺子，有人对启功说："不妨到里面看看有没有您的作品。"启功好奇，大家就一起进了铺子，果然发现好几幅"启功"的字，字模仿得很到家，连他的朋友都难以辨认，就问道："启老，这是您写的吗？"启功微微一笑赞道："比我写得好，比我写得好！"众人一听，全都大笑起来。说话之间，又有一人来铺里问："我有启功的真迹，有要的吗？"启功说："拿来我看看。"那人把字幅递给他。这时，随启功一起来的人问卖字幅的人："你认识启功吗？"那人很自信地说："认识，是我的老师。"问者转问启功："启老，你有这个学生吗？"作伪者一听，知道撞到枪口上了，哀求道："实在是因为生活困难才出此下策，还望老先生高抬贵手。"启功宽厚地笑道："既然是为生计所害，仿就仿吧，可不能模仿我的笔迹写反动标语啊！"那人低着头说："不敢！不敢！"启功听他说完便走出店门，同来的人说："启老，你怎么就这样走了？"启功幽默地说："不这样走，还准备送人家上公安局啊？人家用我的名字，是看得起我，再者，他一定是生活困难缺钱，他要是找我借，我不是也得借给他吗？当年的文徵明、唐寅等人，听说有人仿造他们的书画，不但不加辩驳，甚至还在赝品上题字，使穷朋友多卖几个钱。人家古人都那么大度，我何必那么小家子气呢？"启功的襟怀比之古人，可以说是有过之而无不及。

启功先生并没有因为曾经生活中的坎坷与曲折就否定了人生阳光的一面，他依旧用一颗宽容并幽默的乐观之心对待这个世界。幽默的生活态度就体现在一种心境、一种状态、一种与万物和谐的"道"之上。

真正幽默的情状表现

幽默的情状表现与幽默的特点既有共通之处，即都具有机智的趣味性；又有差异之别，即情状重在情景的展示，让大家可以更轻松而又深刻地汲取到幽默的风趣与内含。

以下几点是幽默的情状表现：

（1）机敏诙谐，有趣味性。

有这样一段对话：

"昨天你骑马骑得怎么样？"

"不太坏，不过我那马太客气了。"

"太客气了？"

"是呀！当我骑到一道篱笆的时候，它让我先过去了。"

人们一听便知这位先生从马上摔下来了。而主人却自我解嘲说是"马太客气了"，由此产生了逗人发笑的效果。

（2）含蓄，具有极强的穿透力。

幽默讲求寓深远于平淡，藏锋芒于微笑。但特殊情况下它也有尖锐的刺痛，有时也有一针见血的穿透力。幽默的这种穿透力，一两句话就能把畸形的、讳莫如深的东西端出来，对一切卑微可笑的东西可谓是当头一棒。但幽默的尖锐刺痛并不是破口大骂，它具有含蓄深刻、一语中的的特点。

某厂，两位工人正在评价他们的厂长。

"厂长看戏为什么总是坐在前排？"

"那叫带领群众。"

"可是看电影为什么又坐中间了？"

"那叫作深入群众。"

"来了客人以后，餐桌上为什么总有厂长呀？"

"那叫作代表群众。"

"但是他成天坐在办公室里，车间里却看不到他的身影，又怎么说？"

"傻子，这都不知道，这叫相信群众嘛。"

谁都知道这两位工人正在心照不宣地指白道黑，讥讽厂长的领导作风。话尽管不符实，却赢得了成功的讽刺效果。

（3）温和亲切，富有平等意识和人情味。

听了别人说的笑语能发笑，这是正常人起码的幽默感。自己能来点幽默，让别人笑，这人则具有相当的幽默感。而自嘲是最高品位的幽默。

美国前总统林肯的长相实在让人没法恭维，他自己也不避讳这一点。一次，道格拉斯与他辩论，指责他是两面派。林肯回答说：

"现在，请听众来评评看，我如果还有另一副面孔的话，我会戴着现在的这副面孔吗？"

幽默是人性善良的体现。幽默者不论是指出那些可怜或可鄙的小古怪，还是指出他人的愚笨可笑，或是在取笑别人的同时也在取笑自己，其情绪是自尊和自嘲的混合，因而在化解困境、嘲讽丑态中，能体现出真正的人情味。

幽默是一份庄重严肃的笑量

"幽默"这个外来词在我们生活中存在了很长时间，随着时间的流逝，幽默的定义逐渐被曲解了。拿无知当个性，拿无聊当有趣，都不是真正的幽默，而是幽默的大误区。幽默其实是一份庄重严肃的笑量。

在幽默语言中，有时会有些露骨的笑话，这些笑话发生在公开场合，有伤大雅，引人反感，即使本来可能接受它的人，也往往顾忌朋友师长的态度而不知如何反应是好。中国是深受儒家文化熏陶的国家，讲究的是"非礼勿听，非礼勿视"。所以，我们要注意绝对不要在公众场合，尤其是有异性、长辈、上级等在场的情况下谈及这种笑话。不顾国情、毫无节制地讲露骨的笑话，其实也是对别人的一种侵害，更是对自己人格的贬低。

另外，幽默的目的勿以讽刺他人为乐。

众所周知，幽默是以社会生活为基础产生的，它不是虚飘在空中的幻景，它的存在本身就体现了人们多方面的社会功利需要，包括惩恶扬善、沟通心灵、调解纷争，等等，这使幽默必然地要和讽刺、嘲笑、揭露联系在一起。但是，幽默所包含的应当是善意的讽刺、温和的嘲笑，其中灌注着深厚的情感因素，正像萨克雷在《布朗先生致侄儿书》中所说的："幽默是机智加爱。"爱减弱了幽默批评的锋芒，通过诱导式的意会发生潜移默化的作用。苛刻的幽默很容易流于残忍，使人受到伤害、陷于焦虑之中。通常，讥讽、攻击、责怪他人的幽默，也能引人发笑，但是它却常常造成意想不到的后果，使本应欢乐的场面变得十分难堪。

正因为这样，讥讽他人受到许多幽默理论家的一致反对。林语堂认为幽默与讽刺极近，却不能以讽刺为目的。讽刺每趋于酸辣，去其酸辣，而达到冲淡心境的目的，便成幽默。玛科斯雅克博似乎更直接："不要讽刺！讽刺会使你和受害者都变得冷酷无情。"

幽默的本质是以笑的方式娱人

1901 年，英国一位哲学家曾经这样谈到幽默："语言中几乎没有一个词汇……比这个人人熟悉的词更难下定义。"确实如此，幽默的定义一直莫衷一是。

1979 年 1 月号的《今日心理学》杂志上有一篇文章为《笑话各有所好》，公布了以读者为对象来调查幽默所得到的结果。

这篇文章的作者指出：幽默是微妙的、难以捉摸的现象，我们根本无法明确列出幽默的种类。而幽默最根本的本质是以笑的方式娱人。

1935 年 3 月 27 日，高尔基在苏联作家协会理事会第二次全体会议上做了一次简短的讲话。在记录稿上，多次出现"鼓掌""笑声"的字样。例如，他在批评某些诗作缺少生活时说：

"同志们，诗人多得很。但是具有巨大诗才的在我看来却太少。他们写的诗长达几公里。（笑声）……

"我不想谈伟大的诗歌和大诗人。我在这方面是外行。我失掉了这方面的鉴赏力，我念诗也很费力。（笑声）……不久以前，我在一个作者的作品里找到了这样的句子：'他举起手，想摸摸她的肩膀，正在这时候，无畏的死神追上了他。'（笑声）这说得多别扭。"

这些记录里高尔基幽默的语言让即使不在现场、时隔多年的我们看到后也不禁受到吸引，可见幽默的力量之大。

乔治·库特林（1858—1929年），法国知名的剧作家和幽默作家。一次，一位自命不凡的年轻作者想一鸣惊人，便写信给库特林，借三个不合常理的理由向他提出决斗，但这一封信实在上不了桌面：字迹潦草，甚至有许多拼写错误。库特林很快给他写了回信："亲爱的先生，因为我是伤害你的一方，该由我来选择决斗武器。我要用'正字法'来决斗。在接到这封信之前你就已经失败了。"

乔治·库特林以幽默的语言，用"正字法"作为武器对年轻人给予了回击，既向年轻人指出了写字太潦草的不端正态度，又展示了自己豁达的一面。整个批驳机智含蓄，风趣诙谐，令年轻人愉快地认输。

这个小故事形象地说明了幽默的本质。由此，我们不难看出：幽默是一种特性，一种引发喜悦、以愉快的方式娱人的特性；幽默感是一种能力，一种了解并表达幽默的能力；幽默力量是一种艺术，一种运用幽默和幽默感来增进你与他人的关系，并可对自己做真诚的评价的一种艺术。

第 2 章

化干戈于和谐，幽默是人际关系的润滑剂

幽默能带来友善的人际关系

美国人鲁特克先生在《幽默人生》一书中指出，在人生的各种际遇中，幽默是人际关系的润滑剂。

它以善意的微笑代替抱怨，避免争吵，使你与他人的关系变得更有意义；幽默力量能帮助你把许多不可能变为可能；幽默力量比笑更有深度，它产生的效果远胜于咧嘴一笑。总之，幽默力量是一切奋发向上者所必不可少的力量。

幽默的语言往往给人以诙谐的情趣，又使人在笑意中有所领悟，幽默往往可以缓解紧张、祛除畏惧、平息愤怒，进而实现人际关系的不断改善。

一位议员在做一篇很漫长的演讲时，另一位省议员觉得对方占用的时间太长，就走到对方跟前低声说："先生，能不能请你快点……"话未说完，那个正在演讲的议员便回过头来，用严厉的口气低声呵斥他道："你最好出去。"然后仍旧继续其演讲。

提出建议的议员觉得受到了别人的侮辱，顿时怒气冲天。他迫不及待地想报复，但一时又找不到什么方法。最后，这名议员像小学生一样，去主席那里申诉。

这个议员找的是麻省省议会的主席柯立芝，他对柯立芝说："柯立芝先生，你听见某某刚刚对我说的话了吗？"

"听见了，"柯立芝不动声色地答着，"但是，我也已经看过了有关的法律条文，你不必出去。"

柯立芝把那位议员的愤怒当成了玩笑，不让自己卷入争吵的旋涡中去，就是因为他能看出这种无聊的争吵的幽默之处。

机智的人不仅善于以局外者的身份化解他人的争吵，而且更善于化解在与人交往时因发生矛盾而出现的僵局。

有一天，在拥挤喧闹的百货大楼里，一位女士愤愤地对售货员说："幸好我没有打算在你们这儿找'礼貌'，在这儿根本找不到！"

售货员沉默了一会儿说："你可不可以让我看看你的样品？"

售货员的幽默，打破了与顾客间的僵局。

学会在交往中适时地表现些幽默，你的成功概率一定会增加。

在把事情弄得很紧张、很严重的时候，能在这种白热化的僵局中看出其中所包含的幽默成分，这样便能镇定自若，超然物外。有了这种心理素质，便可巧妙地避免麻烦、纠纷。如果柯立芝或是那位售货员对于争吵也采取一种较真的态度，那对于大家又有什么好处呢？无非是更加激化两方面的争吵。而由于采取了一种幽默的态度，柯立芝便可以缓解那种伤感情的纠纷，那位售货员也巧妙地批评了那位女士的无礼，从而制止了双方进一步的争论。

幽默让你从容应付各种场合

会说话的人总是有目的地选择话题。尽管聊天的范围不受限制，但是庸俗低级、格调低下、无意义与价值的话题他们一般都不谈，搬弄是非、贬抑他人的话题更是回避，对方的忌讳和缺点从不提及。

他们从不选择挑战性的话题。因为他们知道挑战性的话题容易引起争论，弄得大家都不欢而散。

他们也不会自以为是，以教训的口吻与人说话，不随便炫耀，招致别人的反感。与别人在一起聊天，他们绝不会独占鳌头，总是使大家都有发言机会。

可见，社交的内涵不一定是在正式场合才算是社交，像聊天这种轻松随意的交流也算作是社交，一个善于言谈的人总是能在这看似平平的聊天中获得更良好的人际关系。

社交成功的人往往离不开他的一张社交好嘴，而要说到社交口才，风趣的谈吐不得不提。幽默的语言能帮助我们与他人进行沟通和交往，还能帮助我们处理人际关系问题，顺利化解尴尬处境。

达尔文被邀赴宴。宴会上，他恰好和一位年轻美貌的女士并排坐在一起。

"达尔文先生，"坐在旁边的这位美人带着戏谑的口吻向科学家提出疑问，"听说你断言，人类是由猴子变来的。我也是属于你的论断之列吗？"

"那当然喽！"达尔文看了她一眼，彬彬有礼地答道，"不过，您不是由普通猴子变来的，而是由长得非常迷人的猴子变来的。"

面对迷人的小姐对自己进化论的质疑，达尔文只用一句"迷人的猴子"，既夸赞了小姐的美丽也维护了自己的研究理论。

幽默的聊天也是一种交际，其深刻的交际内涵在聪明人眼里是宝藏，在不识货的人眼里是稻草。对于如何利用幽默聊出名堂来，从而达到交际的目的，善于言谈的人有他们自己独到的方式方法。真正的社交高手就如达尔文一样，在化解他人敌意的时候还能坚持自己的原则。

幽默能够帮助我们在社会交往中与人建立一种和谐关系。当我们希望成为能克服障碍、具有乐观态度、赢得别人喜爱和信任的人时，它就能帮助我们达到目标。

在社交场合，由于社交原因、政治兴趣、业余爱好等，我们的生活中存在着许多社会团体。在这些社会团体中，不论你只是其中的普通一员，或者担任委员、干事、总干事、主席，你都可以运用幽默力量而获益匪浅。

总之，从幽默力量发出的好幽默，就相当于好的仪态举止，能使我们在各种社交场所中游刃有余，不断提升自身的睿智与左右逢源的本事，进而促使自己不断地向成功迈进。

用幽默将批评包裹上糖衣

波特定律原是经济管理学方面的术语，由美国心理学家莱曼·波特提出。本意是指当遭受许多批评时，下级往往只记住开头的一些，其余就不听了，因为他们忙于思索论据来反驳上司的批评。正因为此，在口才交际方面，在批评他人时，就必须照顾到被批评者的心理感受，注意批评的方式，以较为缓和的语气来表达自己的意见。

因此，批评他人，宜曲缓而不是直接"放大炮"。智者通过委婉的幽默言辞来实现对他人的批评，会让他人在感激你的宽容与善解人意的同时，更加深刻地认识到自己的错误。委婉的批评可以帮助他人用更短的时间来纠正错误，进而用更积极的心态来接受进取的洗礼。

有一次，几个属鼠的男同学在期中考试中考了满分，挺得意，有点飘飘然。他们的班主任发现了，就对他们说："怎么，得意了？你们知道得意意味着什么吗？请注意今天下午的班会。"那几个男学生猜想：糟了！在下午的班会上，等待他们的准是狂风暴雨！可奇怪的是，在班会上，班主任的批评却妙趣横生，他说："树林子要是大了，就什么鸟儿都有，自然，天下大了，就什么老鼠都有。我就听说过这么一个故事。有只小老鼠外出旅游，恰好两个孩子在下兽棋，小老鼠就悄悄地看。它发现了一个秘密，那就是，尽管兽棋中的老鼠可以被猫吃掉，被狼吃掉，被虎吃掉，却可以战胜大象。于是立刻认定，我才是真正的百兽之王呢！这么一想，小老鼠就得意起来了，从此瞧不起猫，看不起狗，甚至拿狼寻开心。

"有一天，它还大摇大摆地爬到老虎的背上，恰好老虎正在打瞌睡，懒得动，就抖了抖身子。小老鼠于是更加得意，它还趁着黑夜钻进了大象的鼻子。大象觉得鼻子痒，就打了个喷嚏，小老鼠立刻像出膛炮弹似的飞了出去。就这么飞呀飞呀飞，好半天才'扑通'一声掉在臭水坑里！好，现在就请大家注意一下，'臭'字的写法，怎么写的呢？'自''大'再加一点就是'臭'。有趣的是，今年正好是鼠年，咱们班有不少属鼠的同学，那么，这些'小老鼠'们会不会也掉到臭水坑里呢？我想不会，但必须有一个条件，那就是永不骄傲！"

说到这儿，这位班主任还特意看了看那几个男同学，那几个男同学当然明白，老师的批评全包含在那个有趣的故事中了，他们很快便改正了自己的缺点。

幽默可孕育安适的交际气氛

幽默是一种眼光，也是一种角度：是看世界的宏达眼光，是看人生的清晰角度。芸芸众生，大千世界，不仅可以用好与坏来衡量，也可以用有趣与无聊、可笑与可悲来评判。

意大利著名作曲家罗西尼听人说，他的一批有钱的爱慕者准备在法国为他建一座雕像。感动之余，他问道："他们准备花多少钱？""听说一千万法郎吧。""一千万法郎？"罗西尼大为吃惊，"如果你肯给我五百法郎，我愿意亲自站在雕像的底座上！"一句略显夸张的玩笑，将罗西尼的豁达尽显出来。

英国杰出的戏剧作家萧伯纳，常以他幽默的语言表现出杰出的口才。有一次，萧伯纳在街上行走，被一个冒失鬼骑车撞倒在地，幸好没有大碍。肇事者急忙扶起他，连声抱歉，而萧伯纳却拍拍屁股诙谐地说："你的运气真不好，先生，如果你把我撞死了，就可以名扬四海了。"

利用幽默，还可以给批评增强说服的力量。鲁迅先生批评沉湎于谈情说爱、荒废学业的川岛时，送给川岛一本《中国小说史略》，他在扉页上幽默地写道：请你从"情人的拥抱里"伸出一只手来，暂时接收这干燥无味吧！

幽默于己不仅是严肃的反省：发现自己的荒唐、冥顽、滑稽可笑；也是积极的上进，在笑声中与世界成为朋友，一手拉着世界，一手牵着自我，乐观而豪迈。

得体的幽默最能取悦他人心

雨果曾经说："语言就是力量。"语言表达是所有沟通方式中最便捷、最传神，也是最直接的一种。不过，力量有强弱与正反之分，是强是弱、是正是反，还取决于说话的技巧。常言道："会做的不如会说的。"会说话的确好处多多。会说话的人会把话说得得体、幽默，更容易摆脱困境、赢得朋友、获得机会，活得更快乐。

有家公司为主管们安排了有关沟通的教育训练课程。

上了一星期的课之后，有位主管在责备老是迟到的一个部属时，挖空心思，想在批评他的时候又能保住他的面子。

后来，他把这个部属找来，面带笑容地对他说："我知道你迟到绝对不是你的错，全怪闹钟不好。所以，我打算定制一个人性化的闹钟给你。"

这个主管对部属挤了挤眼睛，故作神秘地说："你想不想听听它是怎么人性化的？"下属点点头。

"它先闹铃，你醒不过来，它就鸣笛；再不醒，它就敲锣；再不醒，就发出爆炸声，然后对你喷水。如果这些都叫不醒你，它就会自动打电话给我帮你请假。"

可想而知，这位主管是机智的，是智慧的，他将下属的错误故意推托到了闹钟的身上，通过闹钟越来越激烈的反应，暗示着这位下属的迟到问题有多严重。

如此诙谐的表达，既让下属感觉到自惭形秽，又会让下属对于主管的委婉表达而感激不已。

得体的幽默最能取悦人心，人际交往中，良好的气场离不开幽默的大力相助。

某一个"愚人节"，有人为了戏弄马克·吐温，在纽约的一家报纸上报道说他死了。结果，马克·吐温的亲戚朋友从全国各地纷纷赶来吊丧。当他们来到马克·吐温家的时候，只见马克·吐温正在桌前写作。亲戚朋友们先是一惊，接着都齐声谴责那家造谣的报纸。马克·吐温毫无怒色，幽默地说："报道我死是千真万确的，不过把日期提前了一些。"

马克·吐温的幽默很得体，也很有看开生死的风度。当别人还在为谣言感觉到气愤的时候，他没有因为报纸的造谣而大动肝火，反而对造谣进行了一定程度的肯定。他的幽默与气度赢得了众人的敬仰。

　　人不是天生就擅长幽默的，但说话的技巧是可以后天培养的。记住以下原则，掌握了说话的尺度，也就掌握了说话的诀窍：急事，慢慢地说；大事，清楚地说；小事，幽默地说；没把握的事，谨慎地说；没根据的事，不要胡说；做不到的事，别乱说；讨厌的事，对事不对人地说；开心的事，看场合说；伤心的事，不要见人就说；别人的事，小心地说；自己的事，听听自己的心怎么说；现在的事，做了再说；未来的事，未来再说。

第 3 章

化阴郁于笑谈，幽默是身心保健医生

幽默可有效防治不良的情绪

情绪的好和坏事实上与我们自己的心态和想法有关，与刺激关系并不大，一件事，在别人眼中看着是悲哀的，在你眼中也许就是喜乐的，看自己怎么想了。幽默则是对生活怀有的一种积极乐观的情绪，幽默带给人们的是无尽的快乐，快乐作为一种愉快的情绪，是在人的需要得到满足时产生的喜悦体验。幽默可以让负面的情绪消失得无影无踪，可以让我们成为情绪的主人，还原给我们一个淡定的乐观心态。

影星吉尼威尔德在《监狱风云》中饰演了一个名为亨利的男子，他笑口常开，风趣幽默，倾倒了许多人。在电影中，亨利被误判入狱，所有狱官都看他不顺眼，常常找他麻烦。

有一次，狱官用手铐将他吊起来，几天后，他竟然还一脸笑容地对狱官说："谢谢你们治好了我的背痛。"狱官又将亨利关进一个因日晒而高温的锡箱中，当他们放他出来时，亨利求道："喔，拜托再让我待一天，我正开始觉得有趣呢。"

最后，狱官将他和一位重300磅的杀人犯古斯博士一同关进一间小密室。古斯博士在狱中恶名远扬，就连最凶恶的犯人也像躲瘟疫一般避着他。所以，当狱官们打开密室的门，看见古斯博士和亨利坐在一起开心地玩牌时，都惊讶得不得了。

其实，亨利做的只不过是在喜乐与悲伤之间，选择了以喜乐去面对世事，所以，没有人能以任何方式夺走他的喜乐。每个人都会面临悲伤与喜悦的选择，如果每次都能多想想自己遇到的那些幸运的事情，并心存感恩，必定能够从悲伤中寻找到喜悦的因子。

情绪就像一把双刃剑，消极不良时可以像敌人一样袭击我们，积极健康时可以像朋友一样帮助我们。所以，我们一定要做情绪的主人，经常保持积极的情绪。正如卡耐基所言："没有一种胜利比战胜自己及自己的冲动情绪更伟大，因为这是一种意志的胜利。"

保持积极情绪状态的方法有很多种，包括宽容别人，保持积极乐观的心态，其中幽默的心态能够帮你接纳自己的情绪变化，善于及时调整自己的不良心态，掌握有效的自我调节的方法等。

"笑"能够提高身体免疫力

俗话说："笑一笑，十年少。"这句话可谓妇孺皆知，但是很少有人知道究竟为什么笑能够让人变得精神焕发、体格健壮。经过科学家的研究表明，不同形式的笑诸如开怀大笑、哄堂大笑、哈哈傻笑、偷偷窃笑都有助于健身、释放紧张情绪、提升人体免疫力以及疾病的治愈。

研究笑的先驱——美国威廉姆·弗赖伊是美国斯坦福大学的名誉退休教授，被称为对笑的研究先驱。他认为，体育健身有助于体魄强健，而笑更能够促进血液循环和腹肌收缩。

科学研究还证明，笑还有益于缓解紧张的情绪，科学家在1997年进行了笑的治疗效果的实验，将48位心脏病患者分为两组：一组安排每天观看30分钟的幽默剧；而另一组作为参照组，则没有此项安排。一年后的结果显示，观看喜剧的组中有两人心脏病反复发作，而另一组参照组中则高达10人。

专家们分析，观看喜剧能够使两种引发心律不齐、导致心脏病的主要荷尔蒙减少。可见，经常开怀大笑能够缓解不良情绪，使人心情舒畅，病魔也就知难而退了。

此外，科学还证明笑能够促使自我保护激素和化学物质的产生。加州某大学两位学者研究发现，当被测试者观看幽默的视频时，他们的 β 激素（缓解抑郁）和成长激素（有助免疫）两种荷尔蒙分别增加了27%和87%。

科学的实验证明，笑能够提升人体的免疫力。类似的实验在《美国健康》杂志中也进行了刊登，堪萨斯大学一位教授做过的研究也证明笑声能够抵抗病毒和外来病毒细胞的侵袭。

幽默是紧急情况中的镇静剂

有一位老牧师从来没有坐过飞机，有一次因有要事，必须要坐飞机去另外一个城市。

老牧师两手紧抓座椅的扶手，大腿上摆着《圣经》，看得出来他十分紧张。

一位空中小姐走过来，见他这般模样，就倒了杯酒给穿着牧师服的牧师："牧师，您喝了这杯酒会好过一点儿。"

老牧师看了空中小姐一眼说："我们现在距离地面有多高？"

空中小姐说："我们正在两万英尺的高空上。"

老牧师看了窗外一眼后说："噢！那先不能喝，现在离总部太近了。"

周围的旅客都因牧师这句话，呵呵地笑了起来。

空中小姐也笑着说："那么我先把酒藏起来，等到离远一点儿的时候，我再偷偷给你。"

一个恰当的幽默，是成功治疗心灵疾病最好的药物。当自己因为各种顾虑而紧张无比的时候，请不要忘记"幽自己一默"，抑或是"幽别人一默"。幽默可以让自己的身心自然而然地放松下来，可以让紧张的恶魔无从下手。那么，如此一来，便没有什么人或者什么事情能够可以阻挡你的开心与舒心。

昂里埃特·比妮耶曾经说过："幽默是我们身体中最理智的一部分，是治疗剂。幽默使我们驱逐恐惧，使我们发泄对权威的不满，使我们补偿自己的不足，使我们为自己的失败复仇。您的心理分析家曾经总是这样告诫您：'如果我们不在厄运面前发笑，我们就会从窗口跳楼自杀，或跑去扼杀同楼的邻居。'幸好，我们中间的多数人会笑，所以死亡率大大减少。"幽默，本身就是一种精神上的保健药，它能够缓解人们的焦虑，还给人们一副精神顺爽的快乐姿态。

幽默是化解抑郁的心理医生

人生百寿，难免一病。求医问药时，如能继续发挥自己的幽默力量，则能振奋精神，使自己得以放松，以便更好地接受治疗。

一个穷汉走进诊室对医生说："您能帮帮忙吗？半个月前我吞下了一枚硬币。"

"我的老天爷！"医生说，"您当时怎么不来？"

"说实话，我当时并不等着这钱用。"穷汉说。

病人首先能轻松地看待自己的疾病，就是一种了悟人生、豁达开朗的体现，这也是健康的前提和预兆。

我国有句古话："笑一笑，十年少。"据医学生理学研究，笑对人体各部分器官都有好处，特别是有助于心理情绪的调整。不少专家认为，幽默对于人的精神健康的调节作用表现为：能帮助人们忘掉烦恼，或者至少把烦恼减低到最低程度。

医生们认为，幽默在治疗中的潜在功能主要表现在：第一，营造一种轻松气氛；第二，加强有理性的彼此交际；第三，成为洞察冲突的一种源泉；第四，帮助人们克服生硬而虚伪的社会习气。

近二十年来，欧美医学界发明的"幽默疗法"已经在临床上取得了可喜的成绩。专家们认为，幽默能够用于治疗的原理主要是笑，因为一个人笑的时候，其膈膜、胸部、腹部、心脏、脾部甚至肝脏都会引起短暂的运动，能起到消除呼吸系统中的异物、刺激肠胃、加快血液循环、提高心跳频率的作用。同时可缓和厌烦、紧张、内疚、沮丧的情绪，减轻头疼和腰背酸痛的程度。

一位建筑工人因失足从 5 层楼上掉了下去，幸运的是他掉到了一座沙堆上，因此幸免于难。当人们围上来时，警察驱赶他们，然后问工人："这儿发生了什么事？"

工人："我不知道，我刚到。"

更为重要的是，笑还可以促进体内的某些激素（如肾上腺等）的分泌，这些激素可能会对机体产生有利的影响，同时又会促使体内某些麻醉因子释放，从而缓解疼痛，减轻关节炎等病症所引起的不适。

长期闷闷不乐，身体就会因积郁而生成病症。这就是抑郁成疾的道理。笑，是人的生活中必不可少的一部分，只有情绪乐观、心境开朗才会有积极向上的劲头。而幽默正是给人带来笑的基本手段。无论在什么场合，绝大多数的笑是由幽默而引起的。

幽默带给人们的笑是有一定的内涵的。它不同于没有思维的傻笑，不同于因为出丑而引发的浅显的笑，也不同于不怀好意的皮笑肉不笑，更不同于见不得人的窃笑。那些由内心而发的笑才是最乐观、最轻松、最富表情的笑。

满奋最怕风。某日，晋武帝召见他。宫殿的北面均为琉璃相隔，很透亮，满奋以为无窗，惧怕起来，甚至有些心神不定。晋武帝熟悉满奋，知道他此刻定又在怕风了，于是大笑起来。满奋也是聪明人，一听这笑，知道上当了，就对晋武帝道："此情就像吴地的牛见了月亮而喘息一样。"

满奋对自己多余的担心进行了自嘲，惹得晋武帝也心情大好。

幽默的生活态度，不仅能够让你的才情尽显，还能给他人送去一箩筐的欢愉。幽默，是一件一举两得的美差，是维护和平的幸福卫士。

幽默，就像专属于自己的心理医生一样，能够贴心地帮助自己化解抑郁的情绪、驱散阴暗的无奈。幽默，让你的世界充满阳光，让你的身体健康，让你的心气和悦。

幽默对身体的八大保健功用

幽默作为一种人生智慧，体现的是乐观的处世方式以及豁达的生活态度。幽默的口才能让自己和他人享受到情趣的安逸与轻松，令人解颐，让人在精神释然的同时，为自己保持健康的体魄。

幽默是身体健康的安全卫士，总结得出幽默对身体的保健作用主要有以下8点：

（1）促进血液循环。人在发笑时，血液循环能够大大加快。美国一所大学的研究证实，在观看幽默剧时，20人中有19人的胳膊上的动脉血流量会增加。原因是发笑能加强心脏的收缩，加快心率，增加心血输出量。而且，研究证明笑可以平均增加20%的血流量，增加血液循环的速度就会降低血液在血管壁上附着的概率。

（2）止痛。发笑时，β–内啡肽会从人的大脑的神经细胞中释放出来，它承担着传递大脑中让人产生快感和止痛信息激素的功能，与止痛效果很好的吗啡相比，发笑不仅能够产生与吗啡作用相同的物质，并且无任何副作用，百益而无一害。

（3）降压。大笑时血压能够有效回降。因为当你大笑时，体内产生的 β − 内啡肽能够成为修复血管助力，并且有助于促使血管壁放松。

（4）增加免疫能力。科学家分别在观看幽默录像的前后进行了血液测试发现，观看录像后，血液中抗体含量和白细胞的数量都比之前大大增多，同时也加快了体内的抗体循环，这些可以减少病菌增殖，提高人体免疫力。另外，心情舒畅还能够使唾液中的抗体大大增加，牢牢地为人体的第一道防线站好岗。

（5）促进肺功能。人在大笑之时，容易张开口和鼻孔、扩张肺部、增加肺活量，从而使呼吸系统更加顺畅，增加氧气的吸入量，呼出更多的二氧化碳。不仅能够提高肺功能，还能够改善呼吸道的状态，是呼吸道的清道夫。

（6）促进消化。大笑时肩膀会耸动，胸膛摇摆，横膈膜震荡，膈肌上下运动量亦会增大，使内脏得到按摩，所以对消化系统大有裨益，而且大笑还可以促使更多血液流入肠胃，调节消化功能。

（7）放松肌肉。当人的肌肉处于紧张状态之时，牙齿是紧紧咬着的，而当人发笑时，其下颌就往下移，能够反射性地拉动全身处于松弛的状态。大笑时能够带动脸部、颈部、手臂、胸部等部位的肌肉产生运动，而发笑结束后，这些肌肉也随之松弛下来。

（8）减少偏头痛的发生。长期的神经紧张会导致偏头疼的出现。保持精神轻松、增加大脑的氧气供应能够有效地降低偏头痛发病概率。德国科伦大学的乌伦克鲁教授用科学的实验证实，最好的放松方式就是大笑。因为大笑时人的大脑呈现空白状态，促使人释放紧张情绪、精神放松，同时大笑能够促进血液循环，还能够为大脑大大增加所需的氧气。 总之，笑不但能调节和保持一个人的心理健康，还可以起到强身健体的作用。从根本原因上说，笑可以使紧张的心理得到放松，释放被压抑的情绪，减轻焦虑和忧愁，避免给他人带来过强的精神刺激，同时对他人带来的精神刺激也具有一定的抵御能力。

西方有句谚语说，每天一个苹果就可以摆脱医生的照顾，而我们同样可以这样说，每天笑一笑，就可以减少与医生见面的频率。

第4章

调剂平凡生活，幽默让美好无处不在

幽默共享，才能放大价值

幽默并不是在自己的头脑里单纯地想想就能实现它的价值，幽默需要分享。只有自己了解而别人却无从知晓的幽默，充其量也只是自娱自乐罢了。独乐乐不如众乐乐，只有将幽默以具体的形象，通过语言、文字、图画等方式表现出来，才能让人知晓，引起大家的共鸣，达到幽默的效果，创造出一个欢乐和谐的气氛。

也有人为了展现自己的语言魅力，对幽默做了一定的研究，并且读了一些幽默故事，想要讲给大家听，结果却不尽如人意。再有趣的故事一旦从他的嘴里讲出来，就完全失去了原有韵味，显得干巴巴的，毫无乐趣可言。这是为什么呢？究其原因主要是他的口述功底不够，不知道如何用语言来表达。

幽默可以通过文字来让我们阅读，幽默可以通过图画来让我们观看，幽默也可以通过相声、小品、喜剧这种表演的方式供我们欣赏。但是这些形式的幽默都是已经成形的，是预先设定的。

只有我们口头上的幽默是最具有活力的、随时随地发生的，它需要我们随机应变的表达，使我们的生活充满愉悦的气息。因此在这里，我们重点探讨的是如何口头表达幽默，来启发大家随时随地地运用自己的智慧，说出风趣的话语，展现自己的个人魅力，从而在大众心中留下一个美好的印象。

1986 年在墨西哥举行的第 13 届世界杯足球赛上。摩洛哥队与英格兰队交战前，英格兰队教练罗布森曾夸口说："在这场比赛中，我们英国人简直可以把摩洛哥队装进袋里。"

打成平局后，摩洛哥队的教练法里亚幽默地说："蒙特利尔的天气实在太热了。罗布森先生不得不脱去外套……所以，他没有口袋把我们装起来。"

法里亚的幽默表达属于自然流露，既没有对英格兰队教练罗布森的海口进行强烈的讽刺，也没有对自己的实力沾沾自喜。法里亚通过天气，巧妙地为罗布森找了个台阶。法里亚的幽默表达不仅仅会给自己的球队带来兴奋的高呼，也会让对手对之佩服。

生活是一个展现自我的大舞台，更是一个锻造自我的实践基地。学会对他人进行幽默的表达，巧妙地阐述自己的观点，赢来的会是满足与快乐。

鲁道夫·宾是一位善于经营剧院的奇才。他生于澳大利亚，1949 年 11 月，鲁道夫·宾乘船去美国担任"大都会剧院"的经理。

船在靠岸前，一位记者急匆匆地赶来采访他，对他说："我想问您几个不很得体的问题。"

鲁道夫·宾应声答道："我会给你一些含糊其词的回答。"

鲁道夫·宾面对记者不很得体的问题，做出了含糊其词的回答，可谓幽默表达得恰到好处。幽默表达带给人们的是情绪状态的传达，是一种快乐思想的传递。

学会在轻松的气氛中幽上一默，能够喜上加喜；而在悲观、凝重的环境下进行幽默，又往往能扭转困境，给生活带来无限希望。

幽默去除生活的平淡

一次，著名漫画家方成去河边钓鱼，才一会儿的工夫，就有一条鲫鱼上钩了。在多数人眼睛里这并没有什么好奇怪的，有鱼上钩的话将鱼拿下来丢在桶里就好了，可是方成居然哈哈大笑，说道："我还没想钓呢，还想再静坐一会儿呢，居然这么着急上钩，肯定是一条傻鱼喽，哈哈哈……"

只听说过人会犯傻，没有听说过鱼也会犯傻，可是在方成的世界里，鱼儿过早地上钩竟被加上了"傻鱼"的标签，也就只有方成先生具有这份雅兴吧。

所以我们要在生活中时刻保持一颗幽默的心，从容淡然面对生活中的失利和荣誉，善于在平淡的生活中发现幽默的因素，并用语言机智地表达出来。只要我们善于从多个侧面、多个角度去看待生活，就能从平淡的生活中找到自得其乐的理由，让欢乐来到自己的身边。

更新生活，要有幽默相伴。

只有能够作用于生活，给生活带来感觉更新的幽默才算是真正的幽默。幽默属于热爱生活、奋发向上、充满自信的人。

有一次，里根访问加拿大，在加拿大的国会发表演说。当他谈到美国全球战略计划时，他显得情绪高昂起来。这时有位议员高叫："那是梦想！"但里根只微微一怔，向那个议员座位的方向扫了一眼，便继续他的演讲，当他说到美国出兵某一国家的情况时，那个议员又大叫道："美国人滚回去！"

由于大厅里很静，那个议员的叫声又十分响亮，在场的人都显得局促不安，尤其坐在台上的加拿大政府要员，一个个更感到无所适从，这时里根并没有停止演讲，而是用更加高昂的声音对加拿大总理说："总理先生，我建议你维修一下那个方位的高音设备，那里的回音太大。"里根刚刚说完，台上台下立即爆发出热烈的掌声。

幽默是爱情甜蜜的守护神

生命是一朵花，爱情是花蜜，而幽默则是采花酿蜜的蜜蜂。

大学时，一位男生十分欣赏艺术系一位漂亮的女孩，却不知道她的名字，也一直苦恼没有机会与她接触。有一次，机会终于来了，他看见那位女孩走进一家牛肉面馆，他毫不迟疑地跟着进去了。他走到那个女孩身边，鼓足勇气看着她，心跳得厉害。他想和她问好，却不知说什么好，就只好问名字了。他有点紧张地向这位女孩开口问道："经常在校园见到你，请问你叫什么名字？"那女孩很纳闷地抬头看着他，说："我叫牛肉面啊！"她显然不想报上真名，但这位同学没有气馁，他红着脸"噢"了一声，改口道："那么，我也给自己起个面名吧，我就叫阳春面。"女孩冷漠的脸上立刻露出灿烂的笑容。

后来，这位"牛肉面"真的成了"阳春面"的妻子，这就是幽默的奇异效果。

幽默是爱情的催化剂，男女约会时，双方若能以幽默的口吻交谈，可使感情火速增长。因为激发爱的温柔的感触，在幽默言谈中最易生成。有不少年轻小伙子相貌堂堂，举止文雅得体，也很有些特长、能力，不乏"男子汉"的风度，却每每情场失意，往往就源于不善幽默。相反，貌似没什么特别却富有幽默感的人，谈情说爱却总能成功。

在英国有一个小伙子爱上了一位姑娘。一天，他来到姑娘家，两人在火炉边烤火。他说道："你的火炉跟我妈的火炉一模一样。"

"是吗？"姑娘漫不经心地应道。她还以为这是小伙子随便说的一句话。

"你觉得在我家的炉子上你也能烘出同样的牛肉馅饼吗？"他幽默地问。

姑娘愣了一下，随即悟出了问话所含的意思。她欢悦地答道："我可以去试试呀！"与这样温婉风趣的青年在一起，可想而知，姑娘会收获幸福。

幽默的求爱、求婚方式，似乎更有魅力，更富有让人心动的浪漫情趣。

美国科学家富兰克林，1774 年丧偶，1780 年在巴黎居住时，向他的邻居——一位迷人而有教养的富孀艾维斯太太求婚，情书中的求婚方式极为幽默。

富兰克林在情书中说，他见到了自己的太太和艾维斯太太的亡夫在阴间结了婚，来替自己"报仇雪恨"吧。

这封情书被誉为文学的杰作、幽默的精品。

敲碎悲观外壳，懂得幽默生活

当今世界，竞争异常激烈，人们就像蜗牛一样每天背着厚重的壳穿梭在城市的高楼间。在巨大的压力下，人的心理变得敏感而脆弱。为了保护自己不受伤害，很多人把自己紧紧包裹起来，不敢向别人敞开心扉，不敢与人真诚交往。久而久之，人变得越来越独孤，越来越麻木。直到最后，变得完全不知道应该如何与人交往。

一个人在社会上生存，总要与人打交道，人际关系是否和谐，直接关系到你人生的幸福感。幽默是人际关系的润滑剂，当人际关系出现问题的时候，如果能懂得及时用幽默去化解烦恼，那便是一种智慧。幽默最大的好处是给人带来快乐，有幽默感的人，总能给别人营造欢乐融洽的氛围，因此也就更容易拥有别人的爱和友谊。

幽默的形式多种多样，有自嘲式、讥讽式、哲理式等。根据对象不同，要使用不同的幽默的形式，这样才能达到比较好的效果。一般来说，对朋友要运用哲理、愉悦的方式，对敌人则运用讥讽式的幽默。

幽默，是非常讲究口才的，但是仅有口才还不行，还必须有一定的素养。幽默要在情理之中，在欢笑之余，能给人以启迪和思考。而不能仅仅是毫无意义的胡说八道、卖关子、耍嘴皮。否则，就流于低俗，而称不上智慧的幽默了。

有位伟人说过：幽默是智慧、教养和道德观的表现。在人际交往中，要以诚待人，再适当添加一点智慧的幽默，无疑能加速友谊的发展，使人与人之间的相处变得轻松自然，妙趣横生。当人们互相之间有需要帮助的时候，幽默地说出自己的需要，可以避免尴尬，也有助于事情的顺利开展。幽默是一门艺术，一种品质和修养。总是与诚实、善良、道德、真理息息相关，而与虚伪、险恶、无情、谬误格格不入。

因此，要想做一个真正幽默的人，首先必须得具备诚实、善良等美好的品质。只有这样，才能使人更加信任你，更喜欢与你交往，感受更多的乐趣。要想拥有精彩的趣味生活，就要勇敢地敲碎背在身上的悲观外壳，带上幽默的智囊，这会让你的生活从此充满与众不同的雅趣。

正式场合有笑声，幽默调节气氛

有时候，有的人在单位里见到以前在一起玩过的同事，竟然低头不语，装作没看见，自顾自地走过去。乍看起来，似乎觉得这种人很没有礼貌。其实不然。他们并不是高傲不理人，而是害羞、胆小，连很普通的招呼都不知道该怎么打，也不喜欢有事没事都露出一脸微笑，所以，见人只好假装没看见。像这种没有表情的人，除了可以和三四个密友谈天说笑之外，面对其他的人，就不知道该说些什么，无法像闲聊那样，与不熟悉的人自如畅谈。

其实，一个人说话胆量的大小，说话水平发挥得如何，与说话时的气氛很有关系。说话时的气氛好，人的兴致便高，情绪便较高昂，谈兴也会较浓，这样便会使人放下包袱，倾心畅谈。反之，说话时的气氛不好，人的情趣就很难调动起来，人一觉得乏味，也就不会有什么好的兴致说话了。比如，当我们在与自己的家人或亲友交谈时，一般气氛都较好，这样几乎不需要思考，就能根据报上看的、广播里说的、街上听的关于昨天、今天或明天的重要的或一般的事情，聊个没完，越聊越起劲。但是，当我们在遇到初次见面的人、地位显赫的大人物、神秘的谈话对象时，往往都很拘束，很难一下子就形成良好的轻松气氛，这样谈话就没有那么顺利了，而且因为气氛不好，还有可能使自己脑中一片空白，完全想不出该说什么话。所以，为了使我们说话的胆量很好地提高，为了能使自己成为一名具有较好口才的人，我们在与他人说话时，要设法创造一种轻松和谐的说话气氛。

初入社会或刚参加工作的人，在偶然的机会里与著名人士相见，常会觉得紧张、害怕，不知道该说些什么话。特别是那些经验较少的人，会一直低着头，如果被对方问到一些事情，也只是作简单而呆板的回答。

另外，我们也有可能被事先安排见某些重要人物。在这种情况下，如果我们事先收集并研究对方的资料，那么，不管对方问到什么，都不容易出错，或者茫然不知所措。但是，这种类似考试前临时抱佛脚的做法，在面对知名人物时，还是会使自己紧张，当被人家问到一些问题时，也只会回答"是"或"不是"。

我们现在所处的社会，是具有高度民主的社会，再怎么有名的大人物，也跟我们一样是平等的。我们应该对他们表示敬意，但不必畏惧。只要把他们当成自己的亲戚或师长，很自然地与之进行对话，就可以了。我们说话的时候，不必害怕或紧张，应该泰然自若，以尊敬而明朗愉快的语调，和知名人士交谈。这样就可以创造出一种轻松和谐的气氛了。

总之，我们无论在什么情况下与什么人说话，创造轻松和谐的说话气氛都很必要，很有好处。

幽默是趣味生活的空气清新剂

为了应付人生大大小小的挑战，你需要力量——不论你是为人父母或是为人子女，是教师或是学生，是售货员或是消费者，是老板或是职员，是上司或是下属，幽默都能赋予你战胜困难的力量。

幽默的力量体现在沟通上，就像我们打开电灯开关，电力便沿着电线输送到机器上一样，只要按下幽默的按钮，也能促使一股特别的力量源源而来。我们可以把这股幽默的力量导向他人，并与他人直接沟通。

有了幽默，我们可以学会以笑来代替苦恼；借着幽默的力量，我们能使自己和他人超越痛苦。真正的幽默力量是从内心涌出，更甚于从头脑涌出。

幽默的力量体现在它可以润滑人际关系，消除紧张，解除人生压力，提高生活的品质。它可以把我们从个人的体壳中拉出来，使我们和他人相处时不至于紧张；它可以化解冰霜，使我们获得益友；它还可以使我们精神振奋，信心陡增，使我们摆脱许多不愉快的事情。

有一位年逾 80 的老先生在接受身体检查时说："医生，你可记得上回你说我有一大堆毛病，说我得学会和这些毛病生活在一起？包括我的关节炎、视力减退、重听、高血压。"医生回答说："信任我吧，你很快就能学会和这些毛病生活在一起的。"

"我知道。"老人也同意，"现在，我在想，您是不是可以再加一项，加上一个 20 岁的妻子？"

把"因幽默的力量而享受趣味"加在你的日程表上，学会生活得更快乐，以轻松的心情面对自己，而以严肃的态度面对人生，掌握你自己的幽默力量。

幽默是烦恼生活的开心剂。生活绝非全是幸福，与幸福相对就是烦恼，这是一对孪生的兄弟，谁也离不开谁。一般的家庭，遇上烦恼的事情，往往是一方发火，甚至双方发火，发展到大吵一场，从而带来更大的烦恼和不快。幸福的家庭同样也有烦恼，只不过解决的方法不同，他们在理性解决烦恼的同时，往往还运用幽默的手段，化烦恼为欢笑。

第 5 章
善用幽默口才，实现尽善尽美的生存

幽默可营造良好的谈判氛围

谈判是我们每个人在生活和工作中不可缺少的活动。当我们为了达到某种目的，或获得某种利益，而需要和有关方面达成一致意见时，就要和对方进行商谈。这种商谈就是谈判。

谈判的技巧有多种，一起欣赏一下幽默语言在谈判中的妙用。

谈判中采取幽默的姿态，可以缓和紧张形势，造成友好和谐的会谈气氛。双方轻松一笑的同时，也就缩短了心理距离，钝化了对立感。

谈判的双方要相互尊重。不管双方代表在个人身份、地位上有多大差异，他们所代表的组织在力量、级别等方面如何强弱悬殊、大小不均，一走到谈判席上，就都是平等的。但是，有的谈判代表自恃地位高贵，或背后实力强大，在会谈中傲慢无礼，对另一方挖苦攻击，试图在气势上压住对方，迫其屈服；也有的代表自身涵养不好，谈判不顺利时恼羞成怒，对另一方侮辱谩骂。在此类情况下，如果要不辱使命，不失气节，又不致激化矛盾使谈判破裂，被攻击的一方可以使用幽默语言回敬无礼的一方，杀住其气焰。

1988年7月22日，中曾根首相同戈尔巴乔夫举行会谈。戈尔巴乔夫说："据说，在日本居然有人说什么，今后只要日本持续不断地增强经济力量，苏联便将乖乖地屈服于日本的经济合作。殊不知，这是大错特错的，苏联决不屈服。"

中曾根反驳道："尽管如此，两国加深交流也是重要的……我毕业于东大法律系，你走出的是莫斯科大学法律系的门槛。我们俩同属法律系的毕业生，理应了解国际法、条约和联合国声明是何物。国际上都承认日本的主张是正确的。"

戈尔巴乔夫笑容可掬地答道："我当法律家亏了，所以变成了政治家。"戈尔巴乔夫的一句俏皮话，使双方的紧张气氛得到了缓解，谈判得以继续进行。

幽默能减少人们之间的紧张对立。因为代表各自的利益，恐怕很难轻易地让步，谈判期间必有一番唇枪舌剑的苦斗，有时甚至到了剑拔弩张的地步。这时，如果某一方代表说句幽默的话，或讲个小笑话，大家一笑，紧张的气氛就可能化解，双方可以继续谈下去，直至取得成功。

卡耐基认为，对于任何谈判者，理想的气氛应是严肃、认真、紧张、活泼的。这可以说是总结了历来胜利而有意义的谈判而得出的一个正确结论。他建议每位谈判者努力为自己所进行的谈判营造这一良好气氛。

美国谈判学家卡洛斯认为大凡谈判都有其独特的气氛。善于创造谈判气氛的谈判者，其谈判谋略的运用便有了很好的基础。我们有理由认为，合适的谈判气氛亦是谈判谋略的一个重要组成部分。良好的谈判气氛有助于谈判者发挥自己的能力。

谈判气氛有时是自然形成的，而多数情况下是人为营造的。谈判者可以感知到不同的谈判气氛。能运用谈判气氛并影响谈判过程的谈判者，自是精明之人，他们知道，谈判气氛对谈判的成败影响很大。

谈判室是正式的工作场所，容易形成一种严肃而又紧张的气氛。当双方就某一问题发生争执、各持己见、互不相让，甚至话不投机、横眉冷对时，这种环境更容易使人产生一种压抑、沉闷的感觉。在这种情况下，己方可以建议暂时停止会谈或双方人员去游览、观光、出席宴会、观看文艺节目，也可以到游艺室、俱乐部等处娱乐、休息。这样，在轻松愉快的环境中，大家的心情自然也就放松了。更主要的是，通过游玩、休息、私下接触，双方可以进一步增进了解，消除彼此间的隔阂，增进友谊，也可以不拘形式地就僵持的问题继续交换意见，寓严肃的讨论于轻松活泼、融洽愉快的气氛之中。这时，彼此间心情愉快，人也变得慷慨大方。谈判桌上争论了几个小时无法解决的问题，在这儿也许就迎刃而解了。

谈判气氛形成后，并不是一成不变的。本来轻松和谐的气氛可以因为双方在实质性问题上的争执而突然变得紧张起来，甚至剑拔弩张，一步就跨至谈判破裂的边缘。这时双方面临最急迫的问题不是继续争个"鱼死网破",而是应尽快缓和这种紧张的气氛。此时诙谐幽默无疑是最有力的武器。

幽默可增强演讲人的感染力

演讲虽然也是讲话的一种,但是和我们日常的讲话是完全不同的。我们日常的讲话,是人们为了交流思想、联络感情、协调行动而说的。这样的讲话,都是人们你一言我一语地讨论。并且日常的讲话,对于逻辑性的要求并不高,人们的交谈是相互的,交织进行,所以是散漫的、随意的。

但是演讲就不同,它具有明确的逻辑性和目的性。需要演讲者的精心准备,它是由演讲者、听众两部分组成的。演讲是一种靠演讲者独白来打动听众、感染听众的传播方式。没有了互动、交谈,就避免了内容的杂乱不统一,可以使得演讲者能够明确地阐述自己的观点,但是同样是因为这样,在演讲中要注意语言的准确、明白和生动,要更有幽默感。

他是著名的作家、学者、中西文化交流大使;他一生著作颇丰,门下的弟子众多;他性格幽默、言语诙谐——他就是大名鼎鼎的才子林语堂。

林语堂是典型的幽默大家,他淡泊名利、与世无争,并有强烈的幽默感。他的诙谐幽默不仅体现在生活中,在演讲台上也是时时闪光。

林氏大宗祠建成后,举行了隆重的庆祝典礼。林语堂被热情地邀请参加。主持人在向众人介绍了林语堂后,由林语堂做了一个精彩的介绍。

他说:"林氏家庭有很多名人,早已载入史册。在《水浒传》里有个林冲,是十万禁军教头。在《红楼梦》里有个女才子林黛玉。在《镜花缘》里有个旅行家林之洋。还有一个是世界上很有名的大人物,他就是美国的大总统林肯。"

林语堂话音刚落,被他逗笑的听众就报以了热烈的掌声。

幽默演讲虽然是艺术化的独白式的言态表达,但这种"艺术化"有一定的规范,它是受现实活动的目的和效果制约的有限的艺术,实际上只是一种手段性的艺术,如同技能技巧一般。

幽默是拉近朋友关系的磁石

一个完整的人生需要有三种情谊的共同存在:亲情、友情、爱情。友情是一种坚实的缘分,它没有爱情那么飘忽变换,没有亲情那么平实。友情是荒漠中的绿洲,是黑暗中的指路明灯。友情,让你的生活充满了温情,友情值得珍惜。

在每一个值得庆祝的日子中,请不要忘记和朋友们联系。在每一次的相见、交谈中,请不要忘记给朋友送上一杯用幽默榨成的开心果汁。幽默的沟通,会让朋友之间的关系不断升温,会让友情在欢声中更加牢靠。

我们一生中在生日、结婚、春节、中秋节等庆祝活动中常要赠送礼物给别人,而送礼物之时,不可能每次都大手笔地购买华贵的礼物,但便宜的小东西又很易被人遗忘。最好的办法是,在赠送礼物的同时,附上一张小卡片,写上几句幽默的话语,不但显得礼轻情意重，而且还能使对方记忆深刻。

有一位苏格兰人，曾这样打电报给他的朋友："由衷地祝贺你，1978年到1988年的新年、生日、结婚纪念日！"

这样的祝贺，他的朋友可能从未收到过，相信会给他留下很深刻的印象，也会为这位送祝福的朋友的幽默而会心地微笑。

有时，朋友会提出一些你无法接受的要求，但若生硬地拒绝，又容易伤害彼此之间的感情，运用幽默的技巧，则能避免这样的情况发生。

在罗斯福当选美国总统前，曾在海军任要职，一天，他的一位朋友向他打探海军在加勒比海一个小岛上建立核潜艇基地的保密计划。罗斯福向四周看了看，压低嗓门说："你能保密吗？"

"当然能。"朋友爽快地答应了。

"那么，"罗斯福微笑着说，"我也能。"

忠于老朋友的同时，我们也应该注意结交新朋友。新朋友开始时是陌生人，如何迅速拉近彼此距离，使彼此感到相见恨晚？幽默是能使此愿望成功得以实现的黏合剂。

一个小伙子失恋了，整天躺在床上长吁短叹，谁也劝不了。一位非常乐观的朋友来到床前拍拍他："嗨，哥们儿，快停止叹息下床吧！失恋的滋味真的那么好？值得你不吃不喝整天躺在床上专心致志地品味？"小伙子笑了。

从"失恋的滋味"到"不吃不喝整天躺在床上专心致志地品味"，可谓幽默至极，难怪失恋的小伙子也忍不住笑起来。这也从另一方面说明幽默的巨大威力。

作家冯骥才在美国访问时，一个美国朋友带儿子去看望他。说话时，那孩子爬上有些摇晃的床铺，站在上面拼命蹦跳。这时，冯如果直接喊孩子下来，势必会使其父产生歉意，也让人觉得自己不够热情。于是，冯笑着对朋友说："请您的孩子到地球上来吧。"那位朋友没有对孩子指责，而是顺着冯的思路，同样不失幽默地回答道："好，我和孩子商量商量！"

与朋友相处需要默契，不要认为友情比较稳固，就可以肆无忌惮地说话、做事情。与朋友之间的相处，同样需要用心经营。当朋友给予自己意见提示的时候，要善于听出言外之意，然后纠正自己不当的做法。在友情经营的方面，幽默永远是最好的润滑剂。

幽默打造生意场的圆融交际

在生意场上，幽默也常常被用到。幽默可以消除双方的紧张感，使整个交际过程轻松愉快，充满人情味。

在一次国际食品博览会上，尚未打开销路的茅台酒因包装一般，不引人注意。于是，参展人员将一瓶茅台酒摔碎在地上，浓郁醇厚的香气顿时引来了大批客户，终于使茅台酒名扬中外。这种"不是方法"的幽默是成功的。

作为一个成功的商界人士，不仅要有丰富的知识、热忱的工作态度、良好的服务意识、非凡的勇气和韧性，还要有机智的幽默感。拥有幽默的交际才能，需要自己建立起幽默的心态、掌握一定的幽默技巧，并且时时不忘在实际生活与工作中进行实战练习。

首先，要有幽默的心态。心态指引着言行举止，言行举止影响着生意沟通的进程与结果。

一名房地产经纪人领着一对夫妇向一栋新楼房走去，他希望卖一套房子给这对夫妇。一路上，他为了推销这套房子，一直喋喋不休地夸耀这栋房子和这个居民区。"这是一个多么美好的地方啊，阳光明媚，空气洁净，到处是鲜花和绿草，这儿的居民从来不知道什么是疾病与死亡。"

　　就在这时，他们看见一户人家正在忙碌地搬家。这位经纪人马上说："你们看，这位可怜的人……他是这儿的医生，竟因为很久一段时间都无病人光顾，而不得不迁往别处开业谋生了！"

　　听到这句话，夫妇俩不禁乐了起来，他们一直想要找一座比较安静的房子，尽管经纪人在前面说了很多精彩的夸赞与吹嘘，夫妇俩却只是姑且听之，但是他这不经意的一句玩笑话，竟把夫妇俩打动。最后，这位经纪人与这对夫妇达成了交易。

　　尽管夫妇俩未必信服经纪人的说辞，但也会谅解这位经纪人的尴尬，并欣赏他的机智与有趣。这就将交易推向有利的方向。

　　其次，要有幽默的表达。沟通中语言要风趣，要具有诱惑性，诱惑性的幽默是生意达成的催化剂。

　　生意场上的幽默可以是一种随机应变的机智，也可以是一种巧言妙语的引导，它将在柔化的氛围中真正实现有商有量，将会给对方留下被敬重印象的同时促成最后的合作。幽默沟通在洽谈桌上就是一种人格魅力的释放与成事有余的回报。

中 篇

幽默的应用

——身临其境，学会幽默待人

第 *1* 章
即兴幽默——急中生智，瞬间打动他人

一见如故——与初识人幽默相交

在我们的一生中，经常可以遇到这种情况：必须和一群不认识的人打交道。要打破与他们之间的界限，消除无形的隔膜，顺利地把自己的意见和思想传达给他们，使他们能欣然接受，并赞成拥护，甚至把他们变成自己的朋友，绝对需要不凡的智慧。

一见如故，相见恨晚，历来被视为人生一大快事。当今世界公关交往极其频繁，参观访问、调查考察、观光旅游、应酬赴宴、交涉洽商……善于跟素昧平生者打交道，掌握"一见如故"的诀窍，不仅是一件快乐的事，而且对工作和学习大有裨益。那么，如何才能做到"一见如故"呢？答案是了解幽默，学会幽默，运用幽默来

实现与陌生人的相识、相处。

美国作为一个多族裔的移民国家，相互之间的交流极为重要。同时，美国的议会代议和全民选举体制，更要求人们能和不认识的人"一见如故"，推销自己的观点和想法。

事实上，只要是与人交往就意味着要与不同的人进行沟通，然而有效的沟通往往是建立在真诚基础上的"一见如故"式的幽默。

有一天，汽车大王亨利·福特在一处偏远农村驾车兜风。在一处农舍边，这位闻名世界的大人物，看到一个小孩正在锯木材，小孩年龄大约10岁，技术却十分熟练，更难得的是他看到陌生人一点也不怕，与一般的乡下小孩有很大的不同。

亨利·福特的童心大起，于是便走上前去帮他拉锯。可是很明显的，福特的技术与小孩相去甚远。小孩也不以为忤，甚至还耐心地指导福特。

过了好一会儿，福特终于忍不住说道："阁下可知道，你正跟亨利·福特在锯木材？"只见那孩子好像没事人似的回答："我不知道，可是我要告诉你，你在跟罗勃·李锯木材。"

亨利·福特听到孩子真诚的童趣式回答，欣喜之余，将那辆崭新的福特车送给了那个孩子。

或许这位小孩子并不是有意说出那样幽默的话语，只是持有一颗天真的童心，说了事实如此的话。可正是因为他那不怯生的趣味之言，赢得了亨利·福特的欣赏与青睐。由此可见，"一见如故"的幽默说服术能够拉近与陌生人的感情距离，将自己很快地融入群体之中，赢得人们的接受与欣赏。

临时发挥——化忌为喜的幽默术

在现实生活中，由于受传统文化的影响，人们的大脑中存在着许多忌讳观念。有时不自觉地说出或做出了一些有违"大忌"的话或事时，如何应付呢？这就要用到一种"临时发挥，化忌为喜"的幽默术。

这种幽默术就是在不自觉地做了或说了一些有违"大忌"的事或话时，或者由于客观的原因而带来一些不愉快、不吉利的事情时，及时地用一些双关语、名诗佳句、谐音字词等化忌为喜，消除尴尬，抹掉人们心头的阴影，使快乐重新回到心头。从这个意义上说，临时发挥的化忌为喜幽默术是一种利人利己的说话艺术，这种化忌为喜的幽默术在生活以及工作等场合中均很适用，值得大家的了解和学习，更值得大家学以致用。

大刘应邀参加一位朋友的婚礼，可天公不作美，小雨从早到晚一刻也未停过。等大刘赶到朋友家时，衣服上溅满了星星点点的泥水。当新人双双向他敬酒时，朋友看到他满身泥水，略带歉意地说："冒雨前来，让你辛苦了。这都怪我没选好日子。"大刘忙接过话茬幽默地说："老兄此言差矣，自古道'久旱逢甘雨，他乡遇故知，洞房花烛夜，金榜题名时'，这人生的四大喜事，让你们小两口一天就赶上了两个，这才叫双喜临门呢。"一句话说得满堂喝彩，大大活跃了当时的气氛。

大刘意犹未尽，接着说道："既然说到了雨，敝人有首打油诗，借此机会赠给两位新人。"接着便吟道，"好雨知时节，当婚乃发生。随风潜入夜，听君亲吻声。"一首歪诗吟罢，逗得新娘面颊绯红，引来满座欢笑。

大刘机智地临场发挥，使本来不受婚礼欢迎的雨，瞬息之间带上了逗乐喜庆的色彩。临场发挥的幽默，让人们在躲不开的"禁忌"中忘却了旧观念的忧愁。

"将错就错"——顺理成章中显智慧

有一次，张作霖出席名流雅席。席间，有几个日本人突然声称，久闻张大帅文武双全，请即席赏幅字画。张明知这是故意刁难，但在大庭广众之下，盛情难却，就满口应允，吩咐笔墨侍候。只见他潇洒地踱到桌前，在铺好的宣纸上大笔一挥写了个"虎"字，然后得意地落款："张作霖手黑"。按上朱印，踌躇满志地掷笔而起。那几个日本人，丈二和尚摸不着头脑，面面相觑。机敏的随从秘书一眼发现了纰漏，"手墨"。亲手书写的文字怎么成了"手黑"？他连忙贴近张作霖耳边低语："您写的'墨'下面少了个'土'，'手墨'变成了'手黑'。"张作霖一瞧，不由得一愣，怎么把"墨"写成"黑"啦？如果当众更正，岂不大煞风景？他眉头一动，计上心来，故意训斥秘书道："我还不晓得这'墨'字下边有个'土'？因为这是日本人要的东西，这叫寸土不让！"

话音刚落，满座喝彩，那几个日本人这才悟出味来，越想越没趣，只好悻悻退场了。

张作霖这种"化腐朽为神奇"的幽默正是"将错就错"的巧妙运用。原本将要大出洋相的一个大笔误，竟然成了民族气节和斗争艺术的反映。

一旦发现了自己的失误，千万别为后悔徒然耗费时间，而要迅速权衡一下利害得失，只有在当场承认错误的负面效应实为自己难以承受，而拒绝认错又不至于把事情弄得更糟时，才可考虑选用"将错就错"这一计策。否则，还是承认、改正为好，因为坦诚往往会换来谅解，甚至敬意。例中的张作霖关于"如果当众更正，岂不大煞风景"的暗忖，就是快速权衡之后所做的判断。情况是明摆着的：日本人是故意刁难，等看笑话，如果承认错误，便正中了居心不良者的下怀，这等丢自己脸面、灭国人威风、长他人志气的后果当然无法接受。于是，"将错就错"就成了顺理成章的选择。

很多时候，"将错就错"，契合情境，总能出奇制胜。"将错就错"化解尴尬讲究随机应变。"将错就错"也是一着险棋，"就错"之前要给自己找到相应的理由，使别人也认同你的"错误"并非错误才行，否则，就是死不认错，会给人一种粗野无知、冥顽不化的印象。张作霖对秘书的一番故意训斥就正起着这种作用。

打破冷场——幽默逗你喜笑颜开

如果你出现了下面的状况：在冷场时，不知道怎么活跃气氛；在一些突发事件中，不知道说什么合适的话来救场；和友人聊着聊着就突然没有话题了；曾发表某些意见或建议，却无法取得共鸣或者人们的关注；结识新朋友不知道该说些什么……在许多场合中，由于个人的性格腼腆，或者彼此之间不够了解，而无法拥有共同的话题，使交往中出现了"冷场"的情形。

这个时候，幽默就是最佳挡箭牌了。幽默会让冷场的冰块渐渐融化，让和煦的快乐走近人们的心中。

众所周知，交流中最尴尬的局面莫过于双方无话可说。无话可说有时候是因为一方对另一方说的根本不感兴趣，有时候是因为我们说的意思和对方的理解有偏差，有时候是因为我们缺乏在某些特殊情景下的沟通技巧，有时也会因为你的说话触及了别人的"雷区"，而造成别人的不愉快，导致交谈无法继续下去。无论是哪一种情况，都有可能会让你焦虑。良好的幽默沟通需要双方在适当的时候分别扮演起发送信息者和接收信息者的角色，就像跳探戈时需要两个人完美的配合。

"一个巴掌拍不响"，交流中一旦出现冷场的局面，也需要两个人共同配合才能打破僵局。交流是两个人的事情，所以你不能指望对方为交流负起全部责任。因此，当出现冷场或者场面尴尬的时候，要沉着更要幽默，寻找双方感兴趣的共同话题，不能一味地等着对方来解决这种尴尬的场面。面对冷场，解决尴尬，幽默口才屡试不爽。

雁翎曾有过一次痛苦的爱情经历，她对那位男朋友爱得如醉如痴，可是，对方却脚踏几只船，最终抛弃了她。

一次，雁翎与第二位男朋友肖遥约会时，肖遥问她："你对爱情中的普遍撒网、重点逮鱼，怎么看？"没想到他话一出口，雁翎不但没搭理他，脸色霎时变得很难看。肖遥知道他误入情人的"雷区"，赶紧补充道："啊，请别介意，我是说，我有一个讽刺对爱情不忠的故事献给你，故事说有一个对太太不忠的男人，经常趁太太不在家把情妇带回家过夜，但又时常担心太太会发觉。有一天晚上，他突然从梦中惊醒，慌忙推着身边的太太说：'快起来走吧，我太太回来了。'等他的太太也从梦中清醒，他一下子傻了眼。"

还没等肖遥话音落下，雁翎已被他的幽默故事逗得喜笑颜开。

在这里肖遥运用故事的形式首先转移了他们谈话的方向，然后用幽默的感染力，淡化了他因说话不慎而给雁翎带来的不快情绪，从而自然而巧妙地把可能出现的"冷场"给过渡过来，赢得了心上人的开心一笑。

幽默是冷场的克星，是热情的释放，懂得在尴尬中用幽默救场的人，是明智的幽默人。拥有幽默天分与才分的人永远不会让他人与自己分享冷场的无奈与尴尬，幽默让冷场被巧妙打破，让彼此在喜笑颜开中突破尴尬，加深感情。

兵来将挡——机智幽默应对奚落

当别人挖苦你、讥讽你的时候，你可以用幽默语言作为"护身符"，筑起防卫的堤防。"兵来将挡，水来土掩"，你可视不同的来者选择不同的幽默应付办法。

若判明来者不善，是怀有恶意，故意挑衅，你可以"以眼还眼，以牙还牙"，有理、有利和幽默地回敬对手。

20世纪30年代，一次，丘吉尔访问美国，有一位反对他的美国女议员咬牙切齿地对他说："如果我是您的妻子，我会在您的咖啡里下毒药的。"丘吉尔微微一笑，平静地答道："如果我是您的丈夫，我会喝下那杯咖啡的。"

面对美国女议员刁难、愤恨的无礼言辞，丘吉尔并没有怒不可遏，甚至是笑着回答女议员的问题，他的胸襟雅量令人们敬服。

因此，如果对方来势汹汹、盛气凌人，前来指责辱骂你，而你确信真理在手时，则应保持藐视的目光、幽默的心量、冷峻的笑容，让他尽情地发泄个够，而不予理会。假如有人冲着你横眉竖眼，恶语中伤地骂道："你这个人两面三刀，专门告我的阴状，想踩着别人的肩膀往上爬，没门儿！"如果你心中无愧，完全不必大发雷霆，倒不妨解嘲地反诘："哦，是真的吗？我倒要洗耳恭听。"然后诱使谩骂者说下去，直到对方找不到言辞了，你再"鸣金收兵"。在这种情况下，你以温文尔雅、彬彬有礼的方式笑迎攻击者，显然比暴跳如雷、大动肝火要好。

比如你刚被提拔到某领导岗位，有人对此揶揄道："这下子你可平步青云、扶摇直上了吧？"你听了不必拘谨，可一笑了之："是这样吗？你算得这样准？"用这种不卑不亢的应酬方法，立即便能使对方语塞。相反，你过于计较，说出一大堆道理，倒显得太认真，反而适得其反。

如果有人用过于唐突的言辞使你受到伤害，或叫你难堪，你应该含蓄以对，或装聋作哑、拐弯抹角、闪烁其词，或转移"视线"、答非所问，谈一些完全与其问话"风马牛不相及"的事，用这种委婉曲折的幽默方法反驳对手，一定会取得奇特的功效。

当遇到棘手犯难的问题时，若能以幽默诙谐的方式回答，往往能化险为夷，改变窘态。正所谓"山重水复疑无路，柳暗花明又一村"，让难堪的局面消失在谈笑之中。

以静制动——应对别人的指责嘲笑

当别人当着众人的面，指责你的错误后，会令你感到不快，甚至会让你窘迫难堪，尴尬至极。这个时候你该怎么办？你会因为觉得十分没有面子，而对对方心存怨恨，甚至大口谩骂吗？聪明的人在应对别人的当众指责的时候会这样做：

斯坦顿夫人是美国女权运动家。

当一次女权运动的会议在罗切斯特召开时，一位已婚牧师指责斯坦顿夫人在公开场合发表演讲。

他不满地说："使徒保罗提议妇女保持沉默，您为什么要反对他呢？"

"保罗不也提议牧师应保持独身吗？您难道听话吗，我的牧师大人？"斯坦顿夫人挖苦道。

斯坦顿夫人面对牧师的指责，没有大骂，也没有强烈地表示出自己的尴尬与不满，她选择了淡定而又从容的回答，以其人之道还治其人之身，用对方的言辞逻辑回击了对方的指责，这是一种淡定的幽默。应对别人当众指责的最有效的方法即以静制动。

受人指责总归是件不快之事，而受人当众指责，那更会令你不快，甚至会让你窘迫难堪，尴尬至极。这是一个协作生存的社会，无论是工作还是生活，也无论何时何地，人都难免犯错，触及他人的利益，从而引起不满，导致他人对你的指责。当然，也存在这样一种情况，错并不在你，而是一些无聊之徒，他们或抱着一种嫉妒，或抱着一种偏见的心理，当众对你进行攻击，目的就是要让你颜面扫地。

当他人当众对你大加指责，甚至是来一顿劈头盖脸的斥骂，无论这种指责是善意的还是恶意的，你都要招架住，采取幽默灵活的应对措施，让这个令你无地自容的尴尬氛围及时得以化解。

在一次战争中，一位将军由一名作战部的指挥官陪同，到前线去看望士兵。到了目的地那天，刚好下起雨来，到处泥泞不堪。将军站在一个活动讲台上向士兵演讲，演讲结束后从台上走下来时，一不留意便滑倒在泥浆里，士兵们哄然大笑起来。

指挥官一边指责士兵们的哄笑，一边惊慌地把将军扶了起来，谦恭地向他道歉。没想到将军却笑着说："没关系，相信这一跤比我的演讲更能激发士气，因为我摔得很有水平嘛！"

在尴尬面前，这位将军并没有对士兵们的嘲笑深感恼怒，反而他懂得消遣自我，用幽默的语言向士兵也向人们展示了，幽默应对他人的嘲笑是生活赋予大胸怀者的智慧。

当有人怒气冲冲地当众对你大加指责时，你可像斯坦顿夫人一样采取淡定的幽默反击态度，以静制动，幽默应对对方对自己的无礼攻击。施以如此态度，实则也就是给他最严厉的迎头痛击。见到你如此反应，他也就会自感索然无味，悻悻而退。当有人因为你在公众场合的出丑而嘲笑你的时候，不要太计较，更不要太过流露出自己的愤怒，多一点幽默的雅量应对嘲笑，你就会多一分淡定的优雅对待自己，成功者每战必胜的原因，就是当对手急不可耐时，他们依然保持着超常的冷静与沉着。

其中，应对他人当众指责的幽默口才修炼方法主要可通过"移花接木"来实现。即对别人的当众指责或者嘲笑，可用幽默化解，来个"张冠李戴"，将原本只适合于甲种场合的话，移植到乙种场合来说。

拥有大智大德的人一般会懂得，面对他人的无礼与失态，如果自己也沉不住气而进行无礼的反击，则会让自己在卑微中失去他人的敬重之心。因此面对外界不好的声音，不妨让自己多一分雅量，用幽默对待攻击的方式远比强硬有力量得多。

即兴聊天——幽默捧场，愉悦情怀

聊天可以调节心理、愉悦情怀，让一个人远离烦闷的侵扰。幽默的聊天作为即兴聊天的一种特殊形式，往往在给人们带来无限趣味的同时让聊天的过程以及结果充满着轻松的释压作用。

即兴的幽默聊天作为一种交际，并不是所有人都能够对它的重要性具有深刻的认识。对于如何利用幽默聊天聊出名堂来，善于幽默言谈的人有他们自己独到的方式方法。

幽默聊天从本质上说是没有什么目的的，可以海阔天空地闲谈，图的就是聊天的那种快乐与随意中的惬意。但从微观来说，闲聊未必就"闲"，拥有幽默口才的人能从闲聊中聊出感情来，使之达到一定的目的。在这个过程中，他们可以掌握闲聊的方式和话题，把它变作具有目的的幽默语言交流。

会说话的人总是有目的地选择话题。他们不会因为是与他人聊天，而忽视了谈话的禁忌性。在聊天中，搬弄是非、贬抑他人的话题更是需要回避，对方的忌讳和缺点也从不提及。否则即兴的幽默聊天失去了聊天的意义，就会让自己陷入无知的尴尬境地。

在一个茶话会中，其中一位 80 多岁高龄的老人很是吸引大家的注意，一位记者走上前去："老先生，真希望明年还可以在这里见到你啊。"

老年人并没有因此而感觉到恼怒，反而拍拍记者的肩膀幽默地说道："小伙子，你还这么年轻，想见到我那是肯定没有问题的啊，哈哈。"

这位记者就是一位不怎么会寻找话题的人，真正会聊天的人会选择合适的话题，但绝不会触碰关于个人隐私方面的话题，更不会不明智地问到一些画蛇添足的问题。因为他们知道隐私方面的话题容易引起争论，会将和谐的气氛弄僵。

另外，在与他人的即兴聊天中，应该保持一份谦逊的心情，不要自吹自擂，更不要一味地只顾自己说话，而不给他人说话的机会。幽默的即兴聊天是一种涵养的体现，需要我们学会在轻松中找到交谈的趣味与尊重以及感情。

幽默的闲谈是对自身资源的一次挖掘，很考验一个人的知识水平和文化层次，平时除了你所最关心、最感兴趣的问题之外，你要多储备一些和别人"闲谈"的资料。这些资料应轻松、有趣，容易引起别人的注意。除了天气之外，还有些常用的闲谈资料。

比如，自己闹过的有些无伤大雅的笑话，像买东西上当、语言上的误会等，这一类的笑话，多数人都爱听。如果把别人闹的笑话拿来讲，固然也可以得到同样的效果，但对于那个闹笑话的人，就未免有点不敬，当然，只要你不指名道姓就可以。讲自己闹过的笑话，开开自己的玩笑，除去能够博人一笑之外，还会使人觉得你为人很随和，很容易相处。

当然，人人都喜欢听笑话，假如你构思了大量的笑话，而又富有说笑话的经验的话，那你恐怕是最受人欢迎的人了。

与人幽默闲谈是人际交流中必要的环节，但是需要注意的是，很多人在幽默闲谈中往往把握不好分寸，甚至说一些不负责任的闲话，而这些闲话中难免会涉及别人的是非，如果说得多了，难免会伤害到一些人。

第2章
处世幽默——柔以避祸，笑以挡灾

逻辑拒绝，巧踢回传球

在交际过程中，当自己处于不利态势时，为了寻找转机，加强己方的立场，也需要找借口拒绝对方。这时，如果你能灵活机智地用对方的话来拒绝对方，就能使对方不再坚持，从而达到拒绝对方的目的。这就是运用逻辑幽默进行拒绝的巧妙方法。

有一次，萧伯纳的脊椎骨出了毛病，需从脚上取一块骨头来补脊椎的缺损。手术做完后，医生想多捞一点手术费，便说：

"萧伯纳先生，这是我们从来没有做过的新手术啊！"

萧伯纳当然听出了医生的言外之意，但向病人收取额外的手术费，显然是不合规定的，萧伯纳不愿意再给医生"塞包"，但又不便明确拒绝，便装傻卖愚地顺着另一层意思说下去："这好极了！请问你们打算支付我多少试验费呢？"

医生顿时窘住了，只好讪讪离开。萧伯纳的逻辑是：既然你要强调这是从来没有做过的新手术，那我的身体便变成试验品了！萧伯纳合理地从对方的话里引出了一个合乎逻辑的相反结论，巧踢"回传球"，让对方哑巴吃黄连——有苦说不出。萧伯纳正是在拒绝中绝妙地应用到了幽默的逻辑。

有很多问题，我们还可以巧妙地把对方设置在同样的情景，以此来引诱对方做出他的判断，从而让对方明白自己的处境或意思，巧妙地拒绝对方的要求。历史上的艾森豪威尔将军就是一位擅长运用逻辑幽默的人。

有一次，一个人问艾森豪威尔将军一个有关军事机密的问题，艾森豪威尔将军做耳语状说："这是一个机密问题，你能替我保密吗？"于是那个人就连忙说道："我一定能！"艾森豪威尔将军则回答道："那我同样也能！"

同理，小李从一个朋友那里借了一架照相机，他一边走一边摆弄着，这时刚好小赵迎面走来了。他知道小赵有个毛病：见了熟人有好玩的东西，非得借去玩几天不可。这次看见了他手中的照相机又非借不可了。尽管小李百般说明情况，小赵依然不肯放过。

小李灵机一动，故作姿态地说："好吧，我可以借给你，不过我要你不要借给别人，你做得到吗？"小赵一听，正合自己的意思。他连忙说："当然，当然。我一定做到。绝不失信。"小赵还追加一句说："绝不失信，失信还能叫作人？"小李斩钉截铁地说："我也不能失信，因为我也答应过别人，这个照相机绝不外借。"听到这，小赵也是目瞪口呆了，这件事也只有这样算了。

通过设问，抛砖引玉，以对方的回答来作为拒绝依据，使对方就此作罢。因为人不可以出尔反尔，自我推翻。小李幽默的逻辑思维加上机智的口才辩解，把小赵绕进了他自己的言辞陷阱中，让自己的拒绝变得笑中带力。

在寻求拒绝的技巧过程中，要知道，拒绝对方的最有力武器，往往是对方自身。我们应该懂得引导对方的谈话，从对方口中得到自己拒绝对方的理由。

通过暗示，善于说不

很多时候，我们不得不拒绝别人，但是怎样将这个难说的"不"说出口呢？幽默性的暗示，是一种不错的选择。

美国出版家赫斯脱在旧金山办第一张报纸时，著名漫画大师纳斯特为该报创作了一幅漫画，内容是唤起公众舆论来迫使电车公司在电车前面装上保险栏杆，防止意外伤人。然而，纳斯特的这幅漫画完全是失败之作，发表这幅漫画，有损报纸质量，但不刊登这幅画，怎么向纳斯特开口呢？

当天晚上，赫斯脱邀请纳斯特共进晚餐，先对这幅漫画大加赞赏，然后一边喝酒，一边唠叨不休地自言自语："唉，这里的电车已经伤了好多孩子，多可怜的孩子，这些电车，这些司机简直不像话……这些司机真像魔鬼，瞪着大眼睛，专门搜索着在街上玩的孩子，一见到孩子们就不顾一切地冲上去……"听到这里，纳斯特从座椅上弹跳起来，大声喊道："我的上帝，赫斯脱先生，这才是一幅出色的漫画，我原来寄给你的那幅漫画，请扔入纸篓。"随后两人在笑声中完满结束了愉快的晚餐。

赫斯脱就是通过自言自语的方式，幽默地暗示纳斯特的漫画不能发表，让纳斯特欣然地接受了意见。

另外，通过身体动作也可以把自己拒绝的意图传递给对方。当一个人想拒绝对方继续交谈时，可以机灵、幽默地做转动脖子，用手帕拭眼睛，按太阳穴以及按眉毛下部等漫不经心的小动作。这些动作传达着一种信号：我较为疲劳、身体不适，希望早一点停止谈话。显然，这是一种暗示拒绝的方法。此外，微笑的中断、较长时间的沉默、目光旁视等也可表示对谈话不感兴趣、内心为难等心理。

例如，一天，为了配合下午的访问行程，小王想把甲公司的访问在中午以前结束，然后依计划，下午第一个目标要到乙公司拜访。但是，甲公司的科长提出了邀请："你看到中午了，一起吃中饭吧？"

小王与甲公司这位科长平常交情不错，又是非常重要的客户，不能轻易地拒绝。但是，和这位爱聊天的科长一起吃中饭，最快也要磨蹭到下午1点才能走。小王怎样才能不伤和气地拒绝呢？

答案就是，在对方表示"要不要一起吃饭"之前，小王就不经意地用身体语言表示出匆忙的样子，可以自然地抬起手看看手表，幽默地解释道："多希望手表上的时间是归我所有啊，那就能够分身了。"

学会巧妙地用暗示的方法拒绝别人，让对方明白你在说"不"，不仅能把事情办妥，而且不伤和气。

用幽默钝化他人攻击

幽默是在关键时候能够为你挺身而出的义气哥们儿，但是要它出来帮你解围的关键前提是你也会施与义气给幽默。如果一个人连幽默是怎么一回事都不清楚，又怎会在有危机的时候用幽默为自己助阵呢？

拥有幽默口才是一种修炼，首先需要对幽默给予适度的重视以及必要的练习，将幽默地处世练习成为一种习惯。

人生在世，长在世，活在世，就应该慢慢体悟到圆融的处世之道。面对他人的不敬，应该用智慧、用口才去反驳，这样才能够显示自己而驳倒他人。幽默口才的魅力恰恰在于能将棱角分明的话语表达得诙谐，却不失锋利的语言威力。从以下两则小案例中可以身临其境般感受到幽默的魅力与威力。

苏联诗人马雅可夫斯基曾与反对苏维埃政府的人进行论辩。

反对者问："马雅可夫斯基，你和混蛋差多少？"

马雅可夫斯基怒而不露，不慌不忙地走到反对者跟前说：

"我和混蛋只有一步之差。"

在场的人听了都哈哈大笑了起来，那位攻击马雅可夫斯基的人只好灰溜溜地跑开了。

另外，还有这样一个故事。

俄罗斯有一位著名的丑角演员杜罗夫。在一次演出的幕间休息时，一个很傲慢的观众走到他的身边，讥讽地问道："丑角先生，观众对你非常欢迎吧？"

"还好。"

"要想在马戏班中受到欢迎，丑角是不是就必须要具有一张愚蠢而又丑怪的脸蛋呢？"

"确实如此。"杜罗夫回答说，"如果我能生一张像先生您那样的脸蛋的话，我准能拿到双薪。"

在这里杜罗夫巧妙地把这位傲慢观众的脸蛋，同自己能否拿双薪牵扯在一起，从而产生了幽默的回击效果，对这位傲慢的观众进行了反讽。

案例中的几位主人公无不在为人处世之道中，遵循笑的智慧，利用幽默冲锋枪将他人的攻击消灭于无形。如果说他人的言语攻击是箭，那么幽默的口才就是在任何时候都能够将利箭阻挡在外的盾牌。

"顾左右而言他"的幽默

在语言交际中，我们难免遭遇到一些令自己或者他人尴尬的问话，比如，涉及国家、组织的秘密，涉及个人收入、个人生活、人际关系等问题。对待这样一些提问，如果我们只用一句"无可奉告"来应对，那会使我们显得粗俗无礼，如果套用正式用语来作答，那又会给提问者造成心理上的失望与不快。总之，对待这样一些古怪的问题，我们答得不好，就有可能自己给自己套上难解的绳索，使自己陷入十分难堪的泥淖，不能自拔以致大失脸面。

如处于这样的尴尬场合时，就需要具备"顾左右而言他"的幽默语言艺术，从而能使你面对尴尬而峰回路转，取得柳暗花明的喜剧效果。顾名思义，"顾左右而言他"是指，对着身旁的人，却说别的话，喻指有意避开话题而用其他的话搪塞过去的说话方式。幽默总是让生活充满欢快的情调，让严肃变得和蔼可亲。

在课堂上，老师突然叫起一位学生来回答自己的问题，待该学生回答完毕后，却引来了同学们的一阵哄笑。因为，这位同学回答的是前一道题，与现在的问题风马牛不相及。虽然老师也笑了，但是笑过之后，他对这位同学幽默地说道："辛苦你了，快吃饭吧。"学生们听到老师如此"顾左右而言他"的幽默话语，更是笑得开心，连那位同学也不禁笑了起来，只是在接下来的上课时间里，他听讲听得认真了，对自己的老师也更加敬畏了。

这位老师巧妙利用了"顾左右而言他"的幽默技法，让这位同学不至于下不来台面，同时也用自己的幽默态度感染了大家。

普希金也是这样一个善于运用幽默的人。

大诗人普希金一次在彼得堡参加一个公爵的家庭舞会，当他邀请一位小姐跳舞时，这位小姐极傲慢地说："我不能和小孩子一起跳舞！"普希金很礼貌地鞠了一躬，笑着说："对不起！亲爱的小姐，我不知道你怀着孩子。"说完便离开了，而那位漂亮的小姐无言以对，脸上绯红。

利用语言的双解，普希金巧妙地将话题的针对点从自己身上转到了那位漂亮的小姐身上，不露痕迹地就将自己的尴尬转化给了漂亮而又傲慢的小姐，使她脸红。

所以，我们在采用"顾左右而言他"的解围法时，应尽量把它运用得不露声色、婉转巧妙。

在幽默口才规则中，反讽不是气急败坏的叫嚣，也不是"黔驴技穷"的狂鸣，它应该是偶尔露出的峥嵘，锐利锋芒的一现，是在幽默垫脚石中形成的处世方法。

触及他人痛处时的转机

与人说话有时会遇到这样的情况：你会不小心拿对方的缺陷开玩笑；对亲近的人说话，你有时会忽略他的感受；批评人的时候，你会专挑对方的缺陷狠说；拒绝别人时，你偶尔要讽刺一下对方才甘心。其实这是非常缺少人情味的做法，有悖于道德与美德的处世之道。在与他人的交谈中，应该切记不要触碰他人的伤口，给他人带去愉快的交谈氛围。

每个人都有自己的忌讳，人人都讨厌别人提及自己的忌讳。与他人对话时，特别是在开玩笑的时候，必须看清对方的短处，不要将话题引到这一方面，以免招来对方怨恨。虽然大多时候，人们开玩笑的动机是良好的，但如果不把握好分寸、尺度，就会产生一些不良的后果。所谓"说者无心，听者有意"就是这样。

在某学生寝室，初到的新生正在争排大小。小林心直口快，与小王争执了半天，见比自己小几日的小王终于同意排在最末，便说道："好啦，你排在最末，是咱们寝室的宝贝疙瘩，你又姓王，以后就叫你'疙瘩王'啦。"说者无心，听者有意，原来小王长了满脸的青春痘，每每深以为恨，此时焉能不恼？小林见又惹来了风波，心中懊悔不已，表面上却不急不恼，巧借余光中的诗句揽镜自顾道："'蜷在两腮分，依在耳翼间，迷人全在一点点。'唉，这真是'一波未平，一波又起'呀！"小王听了，不禁哑然失笑——原来小林长了一脸的雀斑。

小林幽默地化解了尴尬的场面，其智慧令人叹服。无意中伤害了对方，那就对着自己的某个痛处"猛烈开火"，常会使对话妙趣横生，又能化解自己戳到别人痛处的尴尬。

有时候我们可能会在无意中触及他人的痛处，使谈话或者场面变得难堪，采用幽默的自我调侃也是一个很好的化解难堪的方法。

有一次，一群大学同学举行十周年同学会，许多同学都来参加了。聚会上，一位男同学打趣地问一个女同学："听说你先生是个大老板，什么时候请我们到大酒店吃一顿。"他的话刚说完，这位女同学就不自在起来了。这时另外一个女同学悄悄地告诉这位男士真相，原来这位女同学前不久刚和丈夫离婚了。男士知道真相以后，感到无地自容。不过他迅速回过神说："你看我这嘴没把门的毛病怎么还和大学时一样呀，这么多年过去了，还是不知高低深浅，真是该打嘴！"女同学见状，虽然心里还是感到难过，但是仍然大度地原谅了这位男士唐突的话。这时，男士赶忙幽默地换了一个话题，从尴尬中转移出来。

当我们不小心触及他人的痛处的时候，不妨也像这位男同学那样，不要死要面子，用幽默来调侃调侃自己，用真诚的语言来表达自己的歉意，这样对方的心里才能感到释然。

遭遇尴尬时故说痴话

为人处世中，顾全他人的情面是很重要的一项技能。在日常生活中，我们不可避免地会遇到很多碍于情面的场面，这个时候你会保持冷静还是委屈地掉眼泪呢？

我们在不同的场合都会遭遇尴尬。尴尬的表现形式不一样，应对方式当然也有差别。用幽默语言应对的一种很好方式，就是佯装不知，故说"痴"话，好像这种尴尬从来没发生过一样。

一家星级宾馆招聘客房服务人员，经理给应聘者出了一道测试题目：

"假如你无意间把房间推开，看见女客一丝不挂地在沐浴，而她也看见你了，这时候你该怎么办？"

第一位答："说声'对不起'，就关门退出。"

第二位答："说声'对不起，小姐'，就关门退出。"

第三位却幽默地回答："说声'对不起，先生'，就关门退出。"

结果第三位应聘者被录取了。

为什么呢？前两位的回答都让客人有了解不开的尴尬心结，唯有第三位的回答很幽默也很巧妙。他妙就妙在假装没看清，故作"痴呆"，既保全了客人的面子，又使双方摆脱了尴尬，这就是幽默处世的价值所在。

在社交场合，许多人遭遇尴尬以后，即使假装不在意，其实心里面还是会有个疙瘩，因为对每个人来说，面子都是非常重要的。所以，有时候当别人遭遇尴尬，你的安慰可能只会让对方感觉更没有面子，这时，故作不知，幽默地说一句痴话，让当事人释怀才是最好的方法。

寓理于事，不言自明

寓理于事的幽默处世是种高境界的方法，虽然没有用语言表达，却深谙幽默的真谛与本质。幽默是一种生活态度，是说话处世的圆融，是一种"只可意会，不可言传"的诙谐式表达。

中国有句老话："只可意会，不可言传。"这句话一语道破很多无法用语言形容的景象和状况。很多时候就是这样，比如你看到一篇佳作，被深深打动了，可是如果有人说，你写篇读后感吧，那你多半要没了兴致，提笔也写不出心中的感受。

不过"只可意会，不可言传"，毕竟只是一个托词，对于朋友家人间的一些问题不好回答了，可以用这句话搪塞过去。然而在公众场合，比如领导提问，记者采访或者像外交官一样代表国家形象去接受外事任务，这句托词就起不到作用了。

如果对方问出一个让你非常棘手，不知如何回答的问题，该怎么办呢？你不回答会显得无知，若是回答又没有贴切的语言可以描述。这时候你可以针对提问讲一个事例，让对方认同其中包含的道理，然后将此道理幽默地应用于对方的提问，使答案不言自明。

如果能化被动为主动，让对方代替自己回答问题，可以说是人际应对中的较高境界了，这就需要在幽默处世中圆融地寓理于事，让他人不言自明。

为此，在说话中我们可以针对对方的提问，举出一个类似的事例，反请对方说出其中的道理，然后回到最初的问题上，说明对方的观点正是问题的答案。一个回合下来，对方这个"系铃人"在己方的诱导下不知不觉又成了"解铃人"，使己方最终得以轻松地摆脱困境。

罗斯福第四次连任美国总统时，许多记者都抢着采访他，请他谈谈连任四次的感想。一位年轻记者破例得到罗斯福总统的接待。然而，罗斯福没有正面回答青年记者提出的问题，而是先请他吃一块蛋糕。

记者获得殊荣，十分高兴，他很快便把蛋糕吃下去了。接着，总统又请他吃了一块。当他刚要开口请总统谈谈时，总统又请他吃第三块蛋糕。青年记者受宠若惊，肚子虽饱了，还是盛情难却，勉强吃了下去。

记者正在抹嘴之时，只见罗斯福总统微笑着对他说："请再吃一块吧！"

记者实在吃不下去了，便向总统告饶。

罗斯福总统幽默地笑着对他说："不需要我再谈第四次连任的感想吧？刚才您已经亲身体验到了。"

罗斯福没有直接告诉记者自己的感受，而是让他通过连吃四块蛋糕，体验自己连任四次总统的感受，在幽默的行为中说出了记者要问问题的答案，策略可谓高明之极。

有时候语言确实很苍白，不足以表达你心里的感受，比如当你登上泰山，来到玉皇顶，看见头顶上云雾在太阳的照射下迅速退去，那种风云变幻的场景令你十分震撼。这时，如果有人在旁边问，谈一下你现在的感受吧。你一定会顿时觉得索然无味，连继续欣赏景色的兴致都消失掉。因为那个时刻，不说话只默默欣赏美景才是最好的。

有的话不需要说得很明白，对于不好回答或者不方便说的话，不妨幽默地打个比喻，或者委婉推托一下，彼此也就明白，不会无趣地盘问下文了。

幽默处世的至高境界不是侃侃而谈、极力争辩，而是通过幽默而深刻的行为将自己的道理表现出来，这个时候尽管不去争辩，却已经给对方的提问以最有力的说明。

艰涩问题，避实就虚

试想一下，放在你面前两块石头，一块是圆而滑润的鹅卵石，一块是布满棱角的石头，你更喜欢把哪一块拿在手里玩弄呢？答案可想而知，没有人喜欢将一块棱角鲜明的东西握在手中玩弄，因为那会划破自己的手掌，令自己疼痛无比。鹅卵石则因为其圆滑的表面而让人喜欢。

幽默处世就像这润滑的鹅卵石一样惹人喜爱，不会给人带来很巨大的伤害，并在不会伤及他人的同时实现了自我保护。因此，幽默的人更受到人们的欢迎，幽默地说话更容易为自己解围。

美国前总理里根在访问我国期间，曾去上海复旦大学与学生见面，有一位学生问里根："您在大学读书期间，是否期望有一天成为美国总统？"

里根显然没有预料到学生提出这样的问题，但这位政治家颇能随机应变，他神态自若地幽默地回答道："我学的是经济学，我也是个球迷，可是我毕业时，美国的大学生有 1/4 要失业，所以我只想先有个工作，于是当了体育新闻广播员，后来又在好莱坞当了演员，这是 50 年前的事了。但是我今天能当上美国总统，我认为是早先学的专业帮了我的忙，体育锻炼帮了我的忙，当然，一个演员的素质也帮了我的忙。"

里根这一段精彩的回答自有他独特的魅力，他采取"闪避式"的幽默回答方式，避开了学生提出的问题不谈，从其他角度巧妙地回答了难以对答的发问。

我们在工作、生活中也会经常遇到类似的问题，对这样的语势"锋芒"，采取断然回避的消极方法固然不行，"意在言外"可以说是一种较高的语言境界。表面上答非所问，实际上是以退为进。因此可以说"避锋"是为了"藏锋"，"藏锋"是为了更好地"露锋"，这样的幽默语言自然会有较强的魅力。

避实就虚的幽默方式体现的是一种迂回的思维方法。迂回思维法指的是在解决某个问题的思考活动中遇到了难以消除的障碍时，可谋求避开或越过障碍而解决问题的思维方法，这对于工作中的创新和解决问题的口才应用具有很强的启发作用。无论是在工作还是生活中，采用闪避式回答的幽默术，可以让你的周围不再有烦恼围绕，让你的生活充满智慧的火花。

一位记者采访著名影星孙飞虎，对其简陋的住处简直难以置信，脱口而出地问道："依您的身份、地位、名声，如果在香港，早已拥有几幢别墅、最豪华的设施、最高级的轿车。可是您为什么会住在这又高又简易的五楼？"

这种涉及隐私的问题，一时很难说清楚，回答不好，反而会使双方都感到尴尬。孙飞虎眉头一皱，幽默地说道："夫人，高高在上不正是我身份高贵的标志吗？"

这里，孙飞虎诙谐地将自己住的楼层之高与他曾扮演过的地位比较高的角色连接起来，这一避实就虚的回答，既避免了尴尬，又活跃了谈话氛围，显示了他的机敏与风趣。

人的世界像一片热带繁茂丛林，参差多态，有美有丑。审时度势的睿智，难得糊涂的达观，是聪明人所秉持的一贯态度。

当然，再美好的想法，也仅仅是想法。一个聪明的人，不应该只是个空谈家或者空想家。说话的圆融体现的是避直就曲的幽默语言艺术，通过拐个弯的方法，规避摆在正前方的障碍，走一条看似复杂的曲线，却可以尽快达到目的。这是迂回幽默语言的智慧，也是迂回思维的魅力所在。

讽刺幽默，机智防卫

年轻漂亮的女性，在单身独处的时候，往往容易受到骚扰，但讽刺性的幽默可以帮助你减少不必要的麻烦。

一位年轻美貌的女子，独自坐在酒吧间里，被一个油头粉面的青年男子瞧见了，于是他走过来主动搭话："您好，小姐，我能为您要一杯咖啡吗？"

"你要到舞厅去吗？"她喊道。

"不，不，您搞错了。我只是说，我能不能为您要一杯咖啡？"

"你说现在就去吗？"她尖声叫道，比刚才更激动了。

青年男子被她彻底搞糊涂了，红着脸悄悄地走到一个角落坐下。这时几乎所有的人都把目光转向了他，鄙夷地看着他。

过了一会儿，这个年轻女子走到他的桌子旁边。"真对不起，使你难堪了。"她说，"我只是想调查一下，看看他人对意外情况有什么反应。"

这位聪明女子的做法真让人叫绝，她故意装糊涂，大声叫嚷，引起别人注意，青年只好灰溜溜地躲开了。原来，幽默的口才不只是可以用来玩笑、用来放松心情的，幽默的口才是一种防身术，一种威力并不低于高端武器的防身术。

讽刺性的幽默只是针对不安好心的好色之徒而言的，在爱情的世界中，如果爱你的人正是你所爱的人，被爱是一种幸福。但是，假如爱你的人并不是你的意中人，或者你一点也不喜欢他，你就不会感觉被爱是一种幸福了，你可能会产生反感甚至是痛苦，这份你并不需要的爱就成了你的精神负担。别人爱你，向你求爱，他（她）并没有错；你不欢迎，你拒绝他（她）的爱，你也没错。最关键的是看你怎样拒绝，如果拒绝得恰到好处，对双方都是一种解脱，也可以免去许多麻烦。如果你不讲方式，不能恰到好处地拒绝别人的求爱，你就可能伤害他人，说不定也危害自己。

因此，讽刺性幽默只适用于那些居心不良的人们，对于那些苦苦追寻自己爱情的痴情人，请懂得收起幽默的讽刺，不要伤害一个在爱的世界中善良无比的人。

用模糊语言婉转作答

模糊语言作为幽默语言的表达形式，在处世中既能够淡化矛盾又能够保护好自己。懂幽默智慧的人总能够巧妙地用模糊语言将尖锐刺耳的话语表达出来。

在一些交流场合，尤其是在一些比较正式的场合，经常可以碰到一些比较尖锐的提问，这些提问不能直接、具体地回答，又不能不回答。这时候，说话者就可以巧妙地用模糊语言表达自己的意见，让当事双方都不感到太难堪。

阿根廷著名的足球明星迪戈·马拉多纳所在的球队在与英格兰队比赛时，他踢进的第一个球是颇有争议的"问题球"。

当记者就这个"问题球"是手球还是头球采访马拉多纳时，马拉多纳意识到倘若承认是手球，那对判决不利（按照足球运动惯例，裁判当场判决以后不能更改），而如果不承认，又有失"世界最佳球员"的风度。

马拉多纳是怎么回答的呢？他很是风趣地说："手球一半是迪戈的，头球一半是马拉多纳的。"

这妙不可言的"一半"与"一半"，等于既承认球是手臂打进去的，颇有"明人不做暗事"的君子风度，又肯定了裁判的权威。

用模糊语言幽默地回答尖锐的提问是一种智慧，它一般是用伸缩性大、变通性强、语意不明确的词语，从而化解矛盾，摆脱被动局面。

一个年轻男士陪着他刚刚怀孕的妻子和他的丈母娘在湖上划船。丈母娘有意试探小伙子，就问道："如果我和你老婆不小心一起落到水里，你打算先救哪个呢？"这是一个老问题，也是一个两难选择的问题，回答先救哪一个都不妥当。年轻男士稍加思索后回答道："我先救妈妈。"母女俩一听哈哈大笑，脸上都露出了满意的笑容。"妈妈"这个词一语双关，使人皆大欢喜。

严厉的话并不一定非要用尖锐的语气来表达，用模糊的语言将严厉的意见表达出来是一种机智，更是一种幽默的艺术。善于为人处世，需要懂得语言的朦胧之美，有时候含糊其词显示的不是无知，而是难得的大智慧。

第 3 章
社交幽默——进退自如，笑出影响力

初次见面：幽默加深第一印象

在社交场合，赢得他人好感的重要因素来自第一次见面的印象。在这个讲求效率的时代，初次见面的印象显得更加重要。心理学上说的"首因效应"，在这个时代已经成了金科玉律。也就是说，你留给别人的第一印象，很大程度上会影响这个人对你的看法。

幽默作为陌生人之间最经济的见面礼，却具有最强大的震慑力。从容、淡定的幽默会给他人留下平和的记忆与友善的印象。

之所以强调运用幽默加深第一印象的重要性，是因为"第一印象"是你在与人初次接触时给对方留下的形象特征。第一印象在人际交往中所具备的定式效应有很大的稳定性，一个人留给他人的第一印象就像深刻的烙印，很难改变。每个人都具有对他人构成第一印象的幽默能力。

有人曾经说过这样一句话，所谓城市的生活就是几百万人在一起所感受到的寂寞。毕竟几百万人口的城市中，有接近几百万的人与你是陌生人，每一天我们都会在有意无意中接收到初次见面的机会。这个时候，不要让自己板起的面孔吓走将来的朋友。哪怕不是朋友，也请时刻用幽默来包装自己的心灵，毕竟幽默的人带给大家的不只是欢笑，更有内心的充实与豁达。

如果你是一个有幽默感的人，就不要吝啬把幽默心思放在第一次见面的机会上。第一印象只有一次，无法重来。难怪英国著名形象设计师罗伯特·庞德曾说："这是一个两分钟的世界，你只有一分钟展示给人们你是谁，另一分钟让他们喜欢你。"所以在与陌生人交往的过程中，你一定要好好抓住两分钟的印象效应时间，保持微笑，一句开朗而有活力的玩笑，会拉近两人的距离。如："你好，你长得好温顺啊，像小绵羊。"……

总之，形象是社交的第一印象，语言又是形象的代言人，在与人交往中，要学会说出漂亮的幽默语言，给人一种积极向上的乐观的印象，有利于受人喜欢，开阔自己的社交圈子。

因此，你的幽默语言必须符合以下几点：

如果你不想成为同行的笑柄的话，你的说话表达必须合体；

如果你不想让同行或客户鄙视的话，你的幽默必须庄重；

如果你不想让人看出你的性格或爱好的话，你的语言必须是保守、得体的。

深化记忆：幽默地说出自己的名字

初次见面经常会遇到作自我介绍的状况，而在向陌生人作自我介绍时，许多人在这介绍名字方面却做得不太好，在介绍时只是简单地报出自己的姓名："我姓×，叫××。"自以为介绍已经完成，然而这样的介绍肯定算不上有技巧，也许只过了三五分钟，别人已经把他的姓名忘得一干二净，这样也就无法给别人留下深刻的第一印象。

幽默则是淡化记忆的克星，幽默的谈吐、幽默的睿智能够让他人牢记你的名字，长时间关注于你的气质、风度与涵养。

因此，在社交场合，一个幽默的自我介绍如同一次令人刻骨铭心的广告。幽默的自我介绍，可以让他人在最短的时间内留下最深刻的印象，为进一步的交往打下良好的基础。然而一段幽默的自我介绍，首先应该从介绍自己的名字开始，请幽默地说出自己的名字，建立与人交际的良好氛围，那么一次成功的交际之旅将会让你收获颇丰。

一个人的姓名，往往拥有丰富的文化积淀，或折射凝重的史实，或反映时代的乐章，或寄寓双亲对子女的殷切厚望。因此，推衍姓名的幽默能令人对你印象深刻，有时也会令人动情。

为强化你在社交中的特色与潜能，特此列举出以下几种对姓名的幽默介绍法。

（1）利用名人式幽默。在新生见面会上，代玉作自我介绍时，风趣地说："大家都很熟悉《红楼梦》里多愁善感的林黛玉吧，那么就请记住我，我是新时代的黛玉，叫代玉，我是黛玉的反版，因为我天生快乐。"

利用和名人的名字相近的方式来幽默地介绍自己的名字，关键注意所选的名人是大家所熟悉的，否则就收不到最终的幽默效果。

（2）利用谐音式幽默。朱伟慧在一次自我介绍中曾经这样幽默地说："我的名字读起来像'居委会'，正因为如此，大家尽可以把我当成居委会，有困难的时候来反映反映，本居委会力争为大家解决问题。"听到这样的介绍，大家忍俊不禁。

大家笑是因为朱伟慧的名字不仅起得趣味十足，更在于她将自己的名字介绍得幽默地道。

（3）姓名来源式幽默。陈子健幽默自白道："我还未出生的时候，名字就在我父亲的心目中了。据说他很喜欢这样一句古语'天行健，君子以自强不息'，于是毫不犹豫地给我取了这个名字，同时希望我像君子一样自强不息。没办法，父母之命不敢不从，何况刚出生的我还没有力气来修改自己的名字呢。"

以自己的名字来源作为噱头，幽默且不失明确的表达，于趣味中留给他人生动，于豁达中施与他人快乐。

（4）调换词序式幽默。周非在自我介绍的时候，就经常调换词序，他竟然这样跟人家介绍说："把'非洲'倒过来读就是我的名字——周非。所以请知道非洲的你们也同样明白我的存在。"

周非的自我介绍简单、幽默，充满个性，如果你的名字在顺序打乱后也是一个能够被大家熟知的事物，不妨从熟悉下手引导出自己的精彩介绍，那么想不要他人记住你都是一件比较难的事情吧。

（5）摘引式幽默。任丽群同学可谓是摘引式幽默的高手，她经常让陌生人过目不忘的原因不在于她外表的独特，而是在于她幽默的生活姿态。她在自我介绍中幽默地道："大家都知道'鹤立（丽）鸡群'这个成语，我是人（任），更希望出类拔萃，所以，我叫任丽群。"

这种幽默、风趣的自我介绍，想不要引起他人的注意都很难。总之，自我介绍有很大的发挥空间，我们应该想方设法把它丰富起来，不要放过任何一个吸引人注意的机会。

幽默地说出你的名字，将自己的名字与大家熟知的"笑点""笑料"巧妙联系在一起，你在介绍自己的名字的同时，已经不经意地牵引着他人去想象、去发笑。

因此，幽默地说出你的名字，你将会是交际场上永远受人欢迎的一只优雅地翩翩起舞的蝴蝶，尽显自己的恢宏气度与乐观本质。

幽默公关，巧妙说服助你成功

俗话说：万事开头难。向别人提出要求是件很难的事情。不仅是你，对方也会感到有一定的麻烦存在。所以，幽默的语言手段非常必要。彬彬有礼的幽默语言是最好的敲门砖，把握好分寸就会让人难以拒绝。

人都是情感动物，只要你能打动他，他必然会欣然应允你的要求，而适当的幽默策略会使与人商谈的气氛变得友好、和谐，因此无论是间接请求还是述因请求，在提要求或者做宣传的时候尽量幽默一些，不给对方压力，也不要使自己压抑。幽默的说话技巧可以让你在公关场合如鱼得水。

公关，即通过与人交涉来开展自己的业务，公关的成败在于口才，口才的关键在于对幽默度的把握。某个县城的一家银行就恰恰运用了幽默的公关术，利用广告幽默为自己的业务带来好的效果。

这家银行在分行开张的时候，在报纸上登载了一份很幽默的广告，广告将银行职员的姓名与一些有趣的漫画人物结合在了一起。这一下子引起了当地人的极大兴趣，争相前来观看。开幕仪式结束后还有很多人慕名前来拜访，其中有的人甚至将报纸上的漫画人物与银行里在工作的职员一一进行比较。

如此一来，银行的知名度打开了，销售业绩步步高升，漫画给银行带来了效益，更确切地说是幽默公关给银行带来了利润。

像这家银行一样利用幽默来实现顺利公关、打开品牌销路的例子不胜枚举。如美国的一家打字机公司就曾这样幽默地打出自己的广告语："不打不相识"；有家餐厅的广告语这样说："本店征招顾客无数名，无须经验"。广告作为公关的范畴，目的就是激发人们潜在的购买欲，最终实现购买行为。而幽默是公关业务最巧妙的说服因素。

另外，幽默公关的技巧包括：

1. 公关交谈，没话要找话，找话要有趣味

真正的幽默高手，不会出现冷场的尴尬局面，因为他们总是能够在适当的时候找到合适的话题来打破不和谐的场面。公关是一个公司综合发展的重要手段，公关的幽默口才对商谈的进程起到了无可厚非的重要作用。

幽默可以让优秀的公关人员在轻松交谈中没话找话说，能够引导整个交谈的进程，在交谈中处于积极主动地位，从而促进商务活

动的开展，实现强有力的合作。

2. 幽默激将，说服他人将妙不可言

激将法是幽默公关中的一种战略口才，虽然没有幽默的说辞，也不会给别人带来搞笑的趣味，但是它确实在运用幽默的周旋技法来达成自己的愿望。

激将法并不是每一个人都能够运用得恰到好处，幽默的激将法不仅仅是内在幽默生活态度的体现，更是一种圆融的说话智慧。学会幽默的激将表达，你将会说服他人无法说服的人，你将会做到他人难以做到的事情。

含蓄说话：幽默胜过千呼万唤

1890 年，美国著名的幽默作家马克·吐温和一些社会名流参加道奇夫人的家宴。不一会儿，就出现了大宴会上经常发生的情况：人人都在跟旁边的人谈话，而且在同一时间讲话，慢慢地，大家便把嗓音越提越高，拼命想让对方听见。

马克·吐温觉得这样有伤大雅，太不文明了。而如果这一时间突然大叫一声，让大家都安静下来，其结果肯定会惹人生气，甚至闹得不欢而散。怎么办呢？

马克·吐温心生一计。他对邻座的一位太太说："我要让这场吵闹静下来，法子只有一个。您把头歪到我这边来，装成对我讲的话非常好奇的样子，我就这样低声说话。这样，旁边的人因为听不到我说的话，就会想听我说的话。

"我只要叽叽咕咕一阵子，你就会看到，谈话会一个个停下来，

最后，除了我叽叽咕咕的声音外，其他什么声音都没有。"

接着，他就低声讲了起来："11 年前，我到芝加哥去参加欢迎格兰特的庆祝活动时，第一个晚上设了盛大的宴会，到场的退伍军人有 600 多人。

"坐在我旁边的是 ×× 先生，他耳朵很不灵便，有了聋子通常有的习惯，不是好好地说话，而是大声地吼叫。他有时候手拿刀叉沉思五六分钟，然后突然一声吼叫，会吓你一跳。"

说到这里，道奇夫人那边桌子上起义般闹哄哄的声音小了下来。然后寂静沿着长桌，一对对一双双蔓延开来，马克·吐温用更轻的声音一本正经地讲下去："在 ×× 先生不作声时，坐在我对面的一个人对他邻座讲的事快讲完了……说时迟那时快，他一把揪住她的长头发，她尖声地叫唤，哀求着，他把她的领子按在他的膝盖上，然后用剃刀猛然一划……"

到这时候，马克·吐温的玩笑已经达到了目的，餐厅里一片寂静。马克·吐温见时机已到，便开口说明他玩这个游戏是要请他们把应得的教训记在心头，从此要讲些礼貌，顾念大家，不要一大伙人同声尖叫，应该让一个人讲话，其余的人好生听着。大家听了，哄堂大笑，只是个个脸上的表情都有些尴尬。

任何时候给他人提意见都不是一件轻松的事情，提意见从出发点来看是出于好心，但不小心就会给他人造成不快，尤其是在公众的社交场合。

如果能把直言变成幽默语言，既能够既表达自己的意见，又使对方在笑声中认识错误，听取你的意见。

淡化感情：幽默融化交际之冰

社交过程，并不总是一帆风顺的，当你在公众交往中遇到了让自己尴尬、让他人尴尬、让自己为难、让他人为难的境况时，不要着急摆脱，学会运用幽默的智慧将谈话的感情色彩淡化，才能将交际之冰巧妙融化。

幽默的口才就如春风一样让人心旷神怡，愉悦人的情感，让你在亲和中拉近双方距离。无可厚非，这就是幽默在交际中的魅力与威力。

因此，在社交活动中如果遇到让人尴尬而不满的情景，最好不要生硬地表达，而要学会运用幽默的圆融，淡化感情色彩，转移尴尬与不舒服的情绪注意力。

在纽约国际笔会第 48 届年会上，轮到陆文夫发言。面对来自世界 40 多个国家的 600 多位代表，他不慌不忙，侃侃而谈。

有人问："陆先生，您对性文学怎么看？"这是一个尖锐的问题，回答不好会涉及不同国家的文化冲突问题。

陆文夫清了清嗓子风度翩翩地说："西方朋友接受一盒礼品时，往往当着别人的面就打开来看，而中国人恰恰相反，一般都要等客人离开以后才打开盒子。"

听众席里发出会意的笑声。陆文夫面对难以回答的问题，别出心裁，用一个充满睿智和幽默感的生动比喻，把一个敏感棘手的难题解答得既简练通俗又圆满精辟。凭借诙谐的语气表示自己对此态度的认同，淡化了感情色彩。

无独有偶，英国前首相丘吉尔也曾经在公众场合遭遇了尴尬。但是，他没有被突如其来的嘲笑吓倒，因为幽默的智慧远远胜过嘲笑的挑衅。

　　英国前首相丘吉尔在他执政的最后一年，出席一个政府举办的仪式。在他身后不远的地方有几个绅士窃窃私语：

　　"你看，那不是丘吉尔吗？"

　　"人家说他现在已经开始老朽了。"

　　"还有人说他就要下台了，要把他的位子让给精力更充沛更有能力的人了。"

　　当这个仪式结束的时候，丘吉尔转过头来，对这几个绅士煞有介事地说："唉，先生们，我还听说他的耳朵近来也不好用了。"

　　丘吉尔知道，自尊自爱是要以适当方式来表达自己的思想感情，他这儿的幽默一语，既淡化了感情色彩，给自己解了围，表达了不满，又使那些绅士自讨没趣。

　　社交场合碰到别人的不恭言行，当场发作不太合适，但憋在心里也不好受。海明威曾说过："告诉他你不高兴，但在话中别出现'不高兴'这个词。"把表示不满的语言用幽默的语言掩饰一下，让对方知道你不高兴，又不至于破坏友好气氛，是个不错的方式。

　　在社交场合中，随时都可能遇到"结冰"的状况，灵活的人会选择用幽默的沟通方式破除不和谐的"坚冰"。淡化感情的幽默技巧，是走上成功社交之路的法宝，是我们在现代生活中立于不败之地的重要技能。那么，正在思索该如何在社交中如鱼得水般游刃的你，应该学会用淡化感情的方式来渲染幽默的氛围。

淡定一笑：多点雅量面对嘲笑

面对他人的嘲笑，一定要有胸襟、雅量，能够幽默地面对他人的嘲笑则是一种境界，同时也是一种做人的智慧。

幽默，所体现的正是大度的气量与乐观的生活姿态。幽默不仅让我们感受到了快乐的力量，而且能够让我们体会到人性的豁达与包容。

在社交中，受到他人的称赞与尊重固然是值得高兴与欣慰的事情，但毕竟一个人的言行举止不可能满足各种人的"口味"。因此，人在"江湖"受到一部分人尊重的同时，也会受到另一部分人的嘲笑。当友善的自己遇到他人的嘲笑时，不妨多点幽默的雅量来面对。幽默会让你看淡他人的无礼，看重自己的人格提升。

因此，幽默的社交不仅是让他人看到、听到你的幽默口才，更重要的是能让人感受到你幽默的内心与宽宏大量的生活态度。

曾任美国总统的福特在大学里是一名橄榄球运动员，体质非常好，所以他在 62 岁入主白宫时，仍然非常挺拔结实。当了总统以后，他仍继续滑雪、打高尔夫球和网球，而且擅长这几项运动。

在 1975 年 5 月，他到奥地利访问，当飞机抵达萨尔茨堡，他走下舷梯时，他的皮鞋碰到一个隆起的地方，脚一滑就跌倒在跑道上。他站起来，没有受伤，但使他惊奇的是，记者们竟把他这次跌倒当成一项大新闻，大肆渲染起来。在同一天里，他又在丽希丹宫被雨淋湿了的长梯上滑倒了两次，险些跌下来。随即一个说法散播开了：福特总统笨手笨脚，行动不灵敏。自此以后，福特每次跌跤或者撞伤头部或者跌倒在雪地上，记者们总是添油加醋地把消息向全世界报道。后来，竟然反过来，他不跌跤也变成新闻了。哥伦比亚广播公司曾这样报道说："我一直在等待着总统撞伤头部，或者扭伤胫骨，或者受点轻伤之类的来吸引读者。"记者们如此渲染似乎想给人形成一种印象：福特总统是个行动笨拙的人。电视节目主持人还在电视中和福特总统开玩笑，喜剧演员切维·蔡斯甚至在"星期六现场直播"节目里模仿总统滑倒和跌跤的动作。

福特的新闻秘书朗·聂森对此提出抗议，他对记者们说："总统是健康而且优雅的，他可以说是我们能记得起的总统中身体最为健壮的一位。"

"我是一个活动家，"福特幽默地说，"活动家比任何人都容易跌跤。"

他对别人的玩笑总是一笑了之。1976年3月，他还在华盛顿广播电视记者协会年会上和切维·蔡斯同台表演过。节目开始，蔡斯先出场。当乐队奏起"向总统致敬"的乐曲时，他"绊"了一跤，跌倒在歌舞厅的地板上，从一端滑到另一端，头部撞到讲台上。此时，每个到场的人都捧腹大笑，福特也跟着笑了。

当轮到福特出场时，蔡斯站了起来，佯装被餐桌布缠住了，弄得碟子和银餐具纷纷落地。蔡斯装出要把演讲稿放在乐队指挥台上，可一不留心，稿纸掉了，撒得满地都是。众人哄堂大笑，福特却满不在乎地说道："蔡斯先生，你是个非常、非常滑稽的演员。"

面对嘲笑，最忌讳的做法是勃然大怒，大骂一通，其结果只会让嘲笑之声越来越炽。要让嘲笑自然平息，最好的办法是运用幽默的姿态一笑了之。一个有幽默感的人，不会去考虑别人多余的想法，而是有风度、有气概地接受一切非难与嘲笑。伟大的心灵多是海底之下的暗流。

这再次证明了幽默比滑稽更具有影响力，幽默是尴尬与拘谨的克星，幽默让一个有涵养的人懂得用雅量去面对他人的嘲笑。

在社交过程中，以讥讽应对嘲笑，只会降低自己的品格，让他人的嘲笑声再次风起云涌。多点雅量面对嘲笑，是对自己的信任，对他人的包容，是淡定的从容积淀出来的优雅。有了雅量的人生，就是充满尊敬、赞扬与幽默的人生。

第 4 章
沟通幽默——寓庄于谐，更易成功

善用微笑为幽默的气场加分

有人对幽默中的微笑这样评价：真正的幽默很多源自真诚的热情而少出于理智的思考，幽默不是鄙夷，不是出现在哄笑里，它的真义在于爱，出现在安详的微笑里。

在社交场合中微笑是最重要的表情。幽默不是肤浅的谈笑，也不是低下的嘲讽，它是健康的、积极的，它蕴含哲理而妙趣横生。如果说幽默能给机械而繁忙的生活带来一丝生机与活力，那么我们不妨都成为生活中淘取幽默的高手，让生活充满情趣，让快乐的微笑时刻洋溢在我们的嘴角。

微笑是一种良性的脸部表情，反映出一个人的内心世界，是自信的标志、礼貌的象征、涵养的外化、情感的体现。在演讲中可以象征性格开朗与温和，可以形成融洽气氛，消除听众抵触情绪，可以激发感情，缓解矛盾。幽默的智者脸上往往出现一种标志性的表情——微笑。

微笑可以以柔克刚，以静制动，沟通情感，融洽气氛，缓解矛盾，消融"坚冰"，为幽默口才表达的成功打下良好的基础，是善意的标志、友好的使者、成功的桥梁。服务业的老板有一个共识：宁肯雇用一个小学还没毕业的女职工——如果她能够随时展露出可爱的微笑，也不愿雇用一位面孔冷漠的哲学博士。这话有些极端，然而却道出了其中的奥妙。

一次和朋友搭出租车去一个不大熟悉的地方。一路上，我们和司机有说有笑。但不知为什么，车开出不久就连续遇到五六个红灯。眼看快到了路口，又碰到一个红灯。朋友随口嘟哝着："真倒霉！一路都碰到红灯，就差那么一步。"听到朋友的话后，司机转过头，露出一个很豁达的笑容："不倒霉！世界很公平，等绿灯亮时，我们总是第一个走！"

司机简单的一个笑容，简短的一句话，让我们感动。快乐其实很简单，快乐就产生于我们看待同一件事情的不同角度中。学会以笑待人，我们将会在美好的世界中遇见心想事成的自己。

发自内心的微笑是人们美好心灵的外现，是幽默的涵养；也是心地善良、待人友好的表露；是一个人有文化、有风度的具体体现。一个有幽默口才的人，就应该是这样的一种人。做说服人的工作，要参加辩论和谈判，首先要打动他人的心；而动其心者莫先乎情，表情中最能赢得人心的是微笑。发自内心、表达真情实感的微笑，是取得说服效应的"心理武器"，也是辩论和谈判取得成功的秘诀之一。

既然在日常的交谈中、辩论中、演讲中，微笑有众多的效用，那么微笑训练便成为必要项目。然而，微笑训练都有哪些技术上的要求呢？这里介绍一个小小的诀窍，发明人是我国著名的电影表演艺术家孙道临。他说你只要在嘴上念声"茄子"就行了。

恰当微笑，会让幽默的气场不断扩大，会让他人更加轻易地接受你、喜欢你。

幽默道歉，谅解不请自来

几乎对所有人来说，道歉都不是一件很轻松的事，道歉会让大家感觉到难为情。但是如果做错了事，就要请求他人的原谅。道歉也是一门很有学问的艺术。学会幽默，道歉也会变得容易，而不像我们想象中的那么难以启齿。试着幽默地表达自己的歉意，这不仅不会让我们觉得没有"面子"，还可以很好地化解难题。

夫妻之间，发生争吵的事情犹如家常便饭，这不，老孙又跟妻子吵架了，他们相互赌气，一连好几天都互不理睬。老孙就想，自己作为男子汉大丈夫，和老婆计较显得太不大度，于是，他想了一个办法，让他们夫妻轻松地便和好如初了。

这天晚上，在睡觉之前，老孙在床头上的桌子放了一张字条，上面写着："孩子他妈，明天，请在早上6点钟叫醒我，我有急事需要处理。孩子他爸。"

第二天早上，老孙一觉醒来，却发现已经7点了，当时他就想，妻子没有叫醒我，难道她还没有原谅我的意思，正要生气，却看到床头柜上有张字条，上面写着："孩子他爸，快醒醒，快醒醒，已经 6 点整了。孩子他妈。"看到这个条子，老孙再也气不起来了，不禁笑出声来。拿着这张字条跑到妻子面前，没想到妻子也笑了。

直白的道歉可以有立竿见影的效果，幽默含蓄的道歉方式同样可以赢得对方的欣赏和认同。老孙和妻子之间这种无声的道歉方式实在是非常高明。以幽默的情景喜剧来代替干瘪乏味的语言，解决日常生活中的分歧，最后可谓是皆大欢喜，有一个快乐的结局。

马先生在外忙着做生意，所以经常会忘记太太的生日。他太太为此跟他有过好几次不愉快，所以马先生便向太太保证说以后一定记得她的生日，会给她庆祝。但是，不巧的是，他太太今年的生日，他又忘掉了。生日过了三天他才想起来。虽然如此，他还是给老婆买了一份精美的礼物，然后送到他太太的面前，说："亲爱的老婆大人，你的样子真是太年轻了，我都没能反应过来你又长了一岁。这也难怪我记不得你的生日。"本来马太太还一直对这件事情耿耿于怀，但是，看到丈夫为自己选了礼物，并且还说了一句这么贴心的话。就没有了脾气，也忘记了丈夫犯的过失。

马先生在弥补自己过失、给太太道歉的同时，幽默地声称是因为自己没有察觉到妻子已经老了一岁，因为自己的妻子看起来依旧那么年轻，所以会忘记她生日。马先生如此巧妙幽默地借机称赞太太年轻貌美，这样的道歉，即使是再生气的太太也会无力拒绝。

如果你正为自己做错了事而苦心烦恼，想着要如何向对方道歉的话，那就尝试着施展一下自己的幽默魅力吧。因为，幽默是一种人生的态度，是一道精神的出口，是一杯生活的美酒。

如此说来，对掌握幽默本事的人来说，道歉并不是一件难事。懂得用幽默道歉，可以让自己的精神世界变得丰富多彩起来，进而连动自己在客观世界中的快乐，没有人会忍心拒绝诚挚与快乐的致歉方式。所谓世上无难事，只怕幽默人。

活学活用的灵性让谐趣顿生

人的一生，都是在不停地学习。这个学习包括两个方面，第一种是学习文化知识，如学生们每天坐在教室里听老师讲课；另一种则是在实践中学习，学习各种技术技巧。学习的效果也可以分成两种，一种是潜移默化式的，另一种就是立竿见影式的——我们把这一种叫作活学活用。在做事的幽默技巧中也有一种方式叫作活学活用式的幽默。

活学活用式的幽默是指在学习别人的做法时，立刻理解并掌握别人的方法，然后将这种方法运用到自己的实践中来，当时学习，马上应用。

一次，小王向邻居借了一笔钱，借钱的时候，说好一个月后归还。一个月后，邻居向他要钱，他故作惊讶地说："我没有借你的钱呀！"邻居看了看他说："你忘了吗？上个月的时候，你向我借的。"

小王故作惊讶地说："对，的确上个月我借了你的钱，但是，你应该知道，哲学上讲'一切皆流，一切皆变'。现在的我已不是上个月向你借钱的我了，你怎么叫现在的我为过去的我还钱呢？"

邻居气得一时无言以对，他回到家里，想了一会儿，拿了一根木棍，跑到小王家里狠狠地把小王痛打了一顿。小王抱着头气势汹汹地叫道:"你打人了,我要到法庭去告你,等着瞧吧。"邻居放下木棍,笑嘻嘻地对小王说:"你去告吧,你刚才不是说'一切皆流,一切皆变'吗?现在的我,早已不是刚才打你的我了,你确实要去告,就告那个刚才打你的那个我吧。"小王听了,无话可说,被暴打一顿,也只好自认倒霉了。

无独有偶,一个吝啬的老板叫仆人去买酒,却没有给他钱,仆人问:"先生,没有钱怎么买酒?"老板说:"用钱去买酒,这是谁都能办到的,如果不花钱买酒,那才是有能耐的人。"一会儿,仆人提着空瓶回来了。老板十分恼火,责骂道:"你让我喝什么?"仆人不慌不忙地回答:"从有酒的瓶里喝到酒,这是谁都能办到的。如果能从空瓶里喝到酒,那才是真正有能耐的人。"

不花钱买酒与空瓶里喝酒一类比,其内在就出现了针锋相对的矛盾,谐趣顿生。"现炒现卖"的学习灵性,表现了仆人的智慧。

顺势而语,幽默口舌巧做事

以最佳的方法追求最佳的目的,叫作"智慧"。幽默智慧则是以最幽默的方法追求并实现最佳的做事目的。

生存在这个时代步伐日渐紧凑的年代,盲目的蛮干已经不再适用当下的生活以及工作形式。这是一个说话、做事都讲求头脑的世界,因此想要达到最佳的目的,就多发挥一下自己的思考力,寻求出一个最有利的方法。幽默口才,则是在智慧的基础上生成的轻松、诙谐的做事方法、说话技巧。善用幽默的人,不费吹灰之力就能够让被偷窃的东西失而复得。

这是在哈佛课堂上常会听到的一个幽默智慧故事。罗斯是闻名世界的大化学家、百万富翁。

他买了很多精美绝伦的世界名画和珍贵文物，并将这些价值昂贵的东西放置在宽敞的客厅里，供客人欣赏。一个小偷得知此事后，便想去偷几件卖掉。

一个深夜，他悄悄进入罗斯家中，发现室内无人，就大胆地摘下了一幅价值20多万美元的名画，并抱起桌上的一件文物，正欲溜出门去。这时，一瓶酒吸引了小偷的注意。酒液清碧，散发出阵阵扑鼻的酒香。这小偷爱酒如命，马上拧开酒瓶盖，仰起脖子大口大口地喝了起来。忽然门外传来了脚步声，小偷马上放下酒瓶，夺路而逃。

警察在屋里没有发现罪犯的任何痕迹。这时罗斯的仆人说，放在客厅里的酒少了半瓶，一定是那窃贼贪杯，喝了几口。警长乔尼听后心生一计，吩咐罗斯马上写一份声明，在当天的晚报上登出。第二天，窃贼竟然来叩罗斯家的门了。躲在屋内的警察马上冲出去抓住了窃贼。

罗斯登报声明写了什么内容，竟使小偷自投罗网？声明内容如下："我是化学家罗斯。今天回家，我发现家中桌子上绿色酒瓶里的液体被人喝了几口。那不是酒，是有毒液体。谁喝了尽快到我家服解药，否则两天内必有生命危险。请读者阅后相互转告。万分感谢！"

顺势而语是一种机智，"解药"成了一种巨大的诱惑，警长让罗斯幽默地把酒液说成是毒药，造成窃贼的心理恐惧，以至于回到罗斯那里寻找所谓的"解药"，使窃贼自投罗网。乔尼警长抓住了人惜命胜于惜财这点，迅速地找到了解决问题的方法。

从用智慧做事的理论中可以得知，解决问题的最佳方法往往是在耗费最少精力与口舌的情况下达到了最终目的。

舞台上，在击毙敌人的一刹那，手枪竟没有响。再次射击时，仍无声音。台下的观众哗然。演员一时不知所措，他慌乱地抬起脚，朝敌人狠狠踢去。扮演敌人的演员却很幽默，只见他慢慢地倒在了地上，然后吃力地抬起了头，用微弱的声音说道："他的靴子，原来有毒！我，我真的不行了……"

观众们一阵大笑，最后演出取得了完满的成功。如果没有那位演员的幽默应变，说不定就会遭遇冷场的尴尬，幽默智慧让事情可以在意外中得以顺利发展。

做事是一种学问，需要用心用脑来参透的学问。做成一件事情，离不开智慧的头脑，也离不开智慧的口才。幽默作为"丰富而深刻的精神基础"，是一个人智慧积淀的结晶，是走向成功之路的安全扶梯。

直意曲说，圆融幽默易成事

圆融幽默是一种姿态，一种生存的韧性。圆融之人如"水"，遇山水转，遇石水转，以"天下之至柔，驰骋天下之至坚"。水灵活处世，不拘于形，因机而动，因势而变的运行姿态是圆融的最好的诠释。幽默的机智与力量能够让你不断改变行事风格和处世策略，让你在整个交际生活中游刃有余。

圆融幽默能考虑他人的感受或者保护自己的隐私。

心理学的研究表明，谁都不愿把自己的错处或隐私在公众面前"曝光"，一旦被曝光，其就会感到难堪或恼怒。因此，在交际中，如果不是为了某种特殊需要，一般应尽量避免触及对方所避讳的敏感区，避免使对方当众出丑。必要时可委婉地暗示对方你已知道他的错处或隐私，便可对他造成一定的压力。但不可过分，只需"点到为止"。

既能使当事者体面地"下台阶"，又尽量不使在场的旁人觉察，这才是最巧妙的"台阶"。批评他人时，莫忘给对方备好台阶，以变通的幽默智慧创造出一片和谐的生活天地。拒绝他人时，用圆融的幽默代替直言的冲撞，将不好说的话幽默地说出来。

约翰·辛格·萨金特，美国人像画家，善于画富人和名人。

在一次晚宴上，萨金特发现自己身边坐着一位热情洋溢的女倾慕者。"哦，萨金特先生，前两天我看到了您的一幅画，忍不住吻了画上的人，因为那人看上去太像您了。"她动情地告诉萨金特。

"那么，它回吻了您吗？"画家幽默地问。

"什么？它当然不会。"女倾慕者干脆地说。

"这么说，它一点儿也不像我。"萨金特大笑了起来。

约翰·辛格·萨金特并没有对女倾慕者的告白直接表示出自己的看法，而是委婉地通过画像作借口，表达了自己对倾慕者的态度。圆融的幽默，保留了他人的情面，提显了人格魅力的光环。

懂得幽默地说话的人往往都会这样不动声色地让对方自己识趣，有时遇到意外情况使对方陷入尴尬境地，外圆内方的人在给对方提供"台阶"的同时，往往会采取某些妥善措施，及时用幽默的语言给对方的尊严再增添一些光彩，使对方更加感激不尽。

另外，如果直来直去不容易达成做事情的目的，就要学会幽默拐弯。直线像一把利刀，虽然锋利但难免伤人伤己；曲线像一个圆，虽然线长但往往能获得圆满。幽默地说话的道理亦如此。

　　在美国的一所大学里，一位善用圆融幽默的俄文教授在给同学们上第一堂俄文课的时候，居然带着他的一只小狗来到了课堂上。在上课之前，这位教授用俄语作为口令，其中一个口令代表着一个动作，指挥小狗做表演，小狗很精彩地完成了表演，赢得同学们的热烈掌声。

　　待掌声逐渐安静下来，教授指着自己的小狗对大家幽默地说道："各位同学们都已经看到了，这只小狗能够按俄语的指令一个不差地完成表演。"稍做停顿后，他又说，"由此可见，俄文是很容易学会的，连一只小狗都能够听得明白，相信大家更是没有问题的"。

　　这位俄文教授并没有像通常老师一样，上课就对自己的学生说学习有多重要，用死板的教条来督促学生。他圆融地借助了小狗的表演来激发学生们对俄语学习的兴趣，同时幽默地指出了学习俄语并不是什么难事。

幽默为武器，变意外为常态

　　生活与工作中，时时处处充满了意外，这些意外或许会让你惊喜、或许会让你充满尴尬与无奈。但凡懂得幽默地说话的人，都拥有着一种脱俗超群的品行与智商，对于突如其来的事情能够淡定自若、坦然处理。

　　下面就来看看陈毅是如何将幽默作为武器，办好难办的事。

儒帅陈毅文韬武略，谈吐机敏而风趣。他讲话不用稿子，却口吐莲花，令人折服。一次会议上，陈毅拿着"发言稿"登台讲演，还不时瞄瞄。大家用心听着，一字不肯放过，洪亮的声音不时被埋在热烈的掌声中，会后有人发现那份"讲稿"原来是张白纸。人们问他："您怎么用张空白稿啊？"他幽默地回答："不用稿子，人们会说我不严肃，信口开河呐。"

幽默是一种逆向与放射式的思维方法。具有幽默感的人往往具备较高的情商素质，幽默感强的人往往也更容易成功。

原因很简单，幽默感强的人，往往具有灵活的思维与独特的思考方式，通常能够对人和事物具有与众不同的见地，进而能够在与他人相处中体察他人的喜好与需求，尽情展现自己洒脱的一面。他们因为幽默而受到更多人的喜欢与青睐，也因此能够利用幽默的说话技巧来办好难办的事情。

以"铁血宰相"称号载入史册的19世纪中叶德意志帝国宰相奥托·冯·俾斯麦，是一位幽默的人。他也非常擅用幽默的盾牌，多次解决一些棘手问题。

有一次，俾斯麦在和一位朋友一起打猎时，他的朋友不小心陷入流沙中不能自拔。听到求救的声音，俾斯麦赶紧跑过来，可是他不仅不救他，反而还说："虽然我很想救你，可是那样我也会被拖入流沙中。所以，我不能救你。但我又不忍心看你这样挣扎。最好的办法是让你死得痛快些。"俾斯麦说完便举起猎枪。他的朋友因为不想遭到枪杀，便拼命挣扎。结果终于爬出流沙。其实，这正是俾斯麦的目的所在。

俾斯麦做军官时，寄宿在一个以吝啬出名而且非常厌恶德国的人家中。有一天，他要求在他房间里装设一个电铃，以便在传唤部下时不用大声喊叫。可是，主人毫不客气地一口回绝了。于是俾斯麦不再说话。当天黄昏，从俾斯麦的房间里突然传出几声枪响。主人吓了一跳，以为发生了什么事，当即跑进俾斯麦的房间，当他看到俾斯麦表情沉着地坐在书桌前工作时，比先前更为惊讶了。他指着放在书桌上，枪口还冒着烟的手枪问："到底怎么回事？"俾斯麦坦然回答："没什么，我只是在和部下联络罢了！"翌日早晨，他的房间便装上了电铃。

俾斯麦的幽默体现了临危不惧的大智大勇、面对生活中小麻烦的机警灵活、幽默，让他解救了流沙中的朋友，治服了吝啬之人的小气，办好了很难办到的事情。

幽默不只是听一听笑话，放声一笑而已。幽默的伟大在于能够以最快捷、最有效的方式化解我们在生活中遇到的各种意外情况。可以这样说，有幽默存在的地方就有坦然的洒脱。

让脑子转个弯儿来补救失言

懂幽默的人会及时驾驭自己的思维，让自己的脑子因地因时地转弯。"人有失足，马有乱蹄"，在现实生活中，即使辩才如张仪，也难免会陷入词不达意的尴尬，更不用说平凡如你我，当然也会偶尔头脑发昏，举止失当，做出莫名其妙的蠢事。虽然个中原因不同，但后果却相似：贻笑大方或引起纠纷，有时甚至一发不可收拾。这种时候，你就得让脑子转个弯儿，巧用幽默思维以化解纠纷。

美国国务卿基辛格是一位成功的外交家，一次，他在接受意大利女记者法拉奇的采访时，说起自己成功的外交施政时，竟夸口说道："美国人崇尚只身闯荡的西部牛仔精神，而单枪匹马向来是我的作风，或者说是我技能的一部分。"此番话一经报纸发表，马上引起轩然大波，连一贯赞赏基辛格的人们也不满于他好大喜功的轻率言论。然而，基辛格毕竟是基辛格，他不但沉住了气，还幽默地主动接受采访并乘机声明："当初接见法拉奇是我平生最愚蠢的一件事，她曲解了我的话，拿我来做文章罢了。"

基、法两人的话，究竟谁真谁假，外人一下子丈二和尚摸不着头脑。这便是一种转移别人注意力的幽默方法。它可以减轻失误的严重性，但在一般情况下，应用此法应该谨慎，因为它实际上是诿过于人，不到万不得已最好少用，以免损害自己的声誉，失去他人的信任。

从前，有一个云游天下的智慧僧人。一次，他来到一个地方，听说前方有一户人家，从来不许人借宿，他决定运用自己的智慧去借宿一夜。

天黑下来以后，这个游僧就走进了这户人家。这时，他突然变成了一个"聋子"。在互相致意之后，主人急忙给他烧了茶，招待他吃了饭，然后打着手势对他说："吃了饭早点动身吧，我们家里是不能过夜的。"

游僧佯装不懂，只是瞪大眼睛看。主人用手指指门，再次请他出去。

"好，好。"游僧好像懂了。一边说着，一边大步走到门外，把包裹拖了进来，放在西北角的柜子前。

主人又做了一个背上包裹快走的手势。游僧立即跳了起来，举起包裹放在柜子上面，嘴上说："这倒也是，里面可全是经书啊！"

主人又反复比画，要他走，他却点点头，说："没有小孩好，不会乱拿东西。我把两根木棍插在包裹的粗绳上了。"人家说东，他就说西，弄得主人哭笑不得，最后没法，只得留他过了一夜。

很多情况下，如果据理力争不成功，不妨运用反向思维，用"装聋作哑"去化解异议、转移话题，让他人无法推辞，从而达到自己的目标。

有句俗语说，一半是真，一半是假。"借口"永远是有的，就看你如何去发现，怎样去利用。时常让自己的思维转个弯，借助幽默的精髓补救失言的无奈。这应验了中国的一句古谚语："塞翁失马，焉知非福。"将自己说过的"错话"添文减字，让意思改变，是幽默改口的另一个招数；抑或者将自己的意愿通过另一种语言方式委婉地表达出来，就会更加容易被人接受。

但是，需要注意的是用幽默补救言语失误或举止失当，应视场合而采取不同手段。灵活运用，方能百战百胜。如果拘泥于形式，只会雪上加霜。以上所介绍的只是变通情况下应采取的幽默应对之法，希望对读者有所帮助。

因此，当你发现自己不小心说错了话的时候，不妨让自己的脑子转个弯，变换一种说话习惯，将失言解释得津津有味，这个时候你已经成了做事中的"常胜将军"了。

幽默做事情，保全他人面子

每个人都有一道最后的心理防线，一旦我们不给他人退路，不让他人下台阶，他只好使出最后的一招——自卫。因此，当我们遇事待人时，应谨记一条原则：在不违反原则的基础上别让人下不了台阶。之所以提倡幽默地做事，原因正在于此。幽默地做事可以在保全他人面子的同时，实现自己的办事目的。

一句或两句体谅的话，对他人态度宽容，这些都可以减少对别人的伤害，保住他的面子。假如我们是对的，别人是错的，我们也会因为让别人丢脸而毁了他的自我。传奇的法国飞行先锋和作家安托安娜·德·圣苏荷依写过："我没有权利去做或说任何事以贬低一个人的自尊。重要的并不是我觉得他怎么样，而是他觉得他自己如何，伤害他人的自尊是一种罪行。"幽默地做事贯穿的原则就是豁达、大度，为别人留下一丝情面，也是在为自己增添一分尊容。

海涅经常收到许多朋友寄来的诗稿。有一次，他收到一份欠邮资的稿件。拆开一看，里面一首诗也没有，只有一捆稿纸，并附有一张小纸条，上面写着："亲爱的海涅，我健康而快活，衷心地致以问候，你的梅厄。"

海涅手里拿着邮件，猜不透这位朋友的用意。几天以后，梅厄也收到了一个欠邮资的沉重的邮包。他打开一看，竟是一块大石头，还有一张便笺，上面幽默地写道："亲爱的梅厄，看了你的信，我心里的这块石头才落了地，我把它寄给你，以纪念我对你的爱。"

海涅以彼之道还施彼身，用对方的方式来启发对方，让对方认识到自己的行为，不必用言语让对方难堪，反而因此保全了双方的面子。这正是幽默做事的内涵所在。

当一个人已经做出一定的许诺——宣布一种坚定的立场或观点后，由于自尊的缘故，使其很难改变自己的立场或观点，此时你若想说服他，就必须顾全他的自尊。

即使对方犯错，而我们是对的，如果没有为别人保留自尊，就会在毁他人的颜面的同时断送自己的一个朋友。因此，你要说服他人就应该遵循这一原则：帮助别人认识并改正错误，幽默地说话，保全他们的面子。

幽默沟通中的间接批评方法

张三在深圳一家大的合资企业工作。他经常在上班时间去理发店理发，这是违反公司规定的。公司经理知道后，决定抓他一次，狠狠批评。

一天，当张三正在理发店理发时，公司经理也来到店里。张三看见经理，急忙低下头，藏起脸，想躲过经理。可是经理站在他旁边的位置上，把他叫出来。

"喂，张三，"经理说，"你怎么在上班时间理发？"

"是，经理。"张三说，"您看，我的头发是在上班时间长的。"

"不完全是，"经理马上说，"有些是在你下班时间长的。"

"是的，经理，您说得对。"张三礼貌地回答，"但是，我现在只剪上班时长的那部分。"

经理听了不禁笑了起来，也忘了指责张三了。

张三在上班时间理发是不对的，在正常情况下，经理必定会批评他，甚至对他产生不好的印象。但经过张三这么幽默地一说，经理与他的误会顿时化解了，而且他们之间的关系也融洽起来。无论是经理还是张三，他们都属于懂幽默会说幽默话的人，经理对张三在上班时间理发并没有采取直接的批评方式，而是巧借"有些是在你下班时间长的"的幽默来婉言批评张三的不对，张三则借助经理的幽默顺势说下去，带给了经理"笑"点，让经理的不满自动消失无影踪。

幽默沟通中的间接批评，让他人容易接受，让自己少受闷气。在旅途中，司机师傅并没有全心全意在开车，他只用一只手握着方向盘，却把另一只手伸出车外，还把车开得飞一般的快。车中有位老婆婆对此很紧张，但是她没有直接批评司机师傅开车太不谨慎，她是这样说的："年轻人，这个地方下雨挺频繁的吧？"

"那是当然了，这里的天就像孩子的脸一样说变就变哪。"司机师傅悠然地回答道。

"哎呀，我说你总喜欢把手放在窗外呢，看来是帮我们打探天气呢，放心吧小伙子，你专心开车，我帮你盯着天呢，哈哈。"

老婆婆的幽默批评将小伙子说得笑了起来，也赶紧将放在窗外的手收了回来。老婆婆明明知道司机师傅只用一只手开车是很危险的，却幽默地将自己的意见用下雨来暗示师傅的不是之处。老婆婆巧用这种知其非而不言其非的做法，不仅给司机师傅留全了面子，消除了情绪上的对立，还通过误会将笑料制造了出来，给他人和自己带来了心情的愉悦。因此，在为人处世中，不妨多体会一下别人的感受，当你批评他人的时候最好不要生硬地将自己的不满直接表达出来。大多数人在面对他人的批评时，心理或者焦急担心，或者恐惧，或者敌视而抱有戒心，或者懊悔不已。从心理角度出发，人们更应该懂得与他人在思想上统一，借助幽默语言可以赢得他人的感激，激发他人奋进的力量。

丢掉面子时，学会幽默挽回

无论在什么时候，给别人保留一份面子，也是为自己留一点余地。对中国人来说，面子实际上等于脸面。做事不讲讲脸面就没有进行下去的必要。于是面子问题一直是在业务洽谈、与人交往中的重要课题。

当你不小心触及他人的颜面问题，或者自己的面子遭受到外来嘲笑的时候，应该怎样正确应对呢？答案是，不要硬对硬，要懂得巧妙地运用幽默语言，挽回颜面。

著名的剧作家萧伯纳个子长得很高，可瘦削得似一片芦苇叶，而切斯特顿既高大又壮实。他们两人站在一起对比特别鲜明。有一次，萧伯纳想拿切斯特顿的肥胖开玩笑，便对他说："要是我有你那么胖，我就会去上吊。"切斯特顿笑了笑说："要是我想去上吊，准用你做上吊的绳子。"

切斯特顿这一巧妙的揶揄，既让萧伯纳发觉了自己的失言，又让自己的智慧在人前闪光。按照字典的解释，揶揄是一种嘲笑。而艺术地揶揄应当说是一种运用语言的技巧。

丹麦童话作家安徒生有一次在大街上行走的时候，突然遭遇了他人的嘲笑，但是安徒生的幽默应答却让奚落他的人自惭形秽。

由于安徒生平时生活很简朴，常常戴着破旧的帽子上街。

突然有个行路人嘲笑他："你脑袋上边的那个玩意儿是什么？能算是帽子吗？"

安徒生幽默回敬道："你帽子下边的那个玩意儿是什么？能算是脑袋吗？"

安徒生巧妙地以其人之道还治其人之身，将同样的讽刺还击给了那个行路人，虽然讽刺性很强，却表达间接诙谐，顾虑到了行路人的面子。

幽默灵感的爆发，幽默的妙答常常使你在濒临危境的时候柳暗花明，享受绝处逢生的喜悦。生活中如果自己突然遇到了尴尬有失体面的小事，不妨幽默自己一下。

宋朝大文学家石曼卿，人称"石学士"。一日酒后骑马去报国寺游玩，突然马受惊乱跑，将石曼卿从马上摔了下来。只见石曼卿站起来，拍拍身上的尘土，拿起马鞭，然后风趣地对围观者说："幸亏我是'石'学士，要是'瓦'学士，一定要摔破了。"

石学士把自己的姓作了另一种解释，妙语解疑，为后人称道。

语言的运用是一门综合艺术，照本宣科式的教条运用是不会有好的交际效果的。幽默机智的背后是深厚的文化素养，高雅的气质和风度。

第5章
应酬幽默——开口是金，赢得人情

不妨先说几句题外话

题外话幽默不同于寒暄幽默，寒暄幽默只是一种问候的口才，而题外话幽默的寻找以及掌握似乎要比寒暄幽默来得更加艰难些。

在进行比较严肃的谈判时，不适宜一碰面就急急忙忙地进入实质性谈话，要善于运用迂回入题的策略，要用足够的时间使双方情感上得到亲近，使谈判思想协调一致。因此，谈话开始的话题最好是松弛的、非业务性地拉上几句幽默家常，即说点题外话。这样，可以避免双方的尴尬状态，稳定自己的情绪，使气氛变得轻松、活泼，为谈话的成功奠定一个良好的基础。

题外话幽默的选材比较丰富，你可以谈谈关于天气的话题；可以谈有关旅游的话题；可以谈有关娱乐活动的话题；可以谈有关嗜好、兴趣的话题；可以谈有关衣食住行的话题等。

可见以风趣活泼的话作开场白，能扫除严肃谈话前的拘束感和防卫心理，只要能引起对方的笑声，气氛就会马上变得活跃起来，在这样的氛围中，双方的交谈兴致自然就会提高。

一般来说，要在开始就制造一个融洽的谈话气氛，需要对谈话的对象做一番认真的研究，然后以极简短的几句话，四两拨千斤，捅破相互间的心理隔膜，一下子缩短心理距离，使对方产生亲近感。这样，谈话就会容易多了。

幽默的题外话内容丰富，可以说是信手拈来，不花力气。你可以根据谈判时间和地点，以及双方谈判人员的具体情况，脱口而出，亲切自然，不必刻意修饰，否则会给人一种不自然的感觉。

回绝巧妙，诙谐相处

中国是一个崇尚酒文化的国度，酒文化在社会生活中起着举足轻重的作用。从古至今，无论是逢年过节，还是婚丧婆嫁，都免不了要请客喝酒，也就是应酬。在当今社会中，若不能饮酒、不懂得应酬，则有可能会受到别人的"奚落"。

生活中难免要有应酬。于是，只要一上酒席，遇有人敬酒，总要喝上一些。但如遇到某些特殊的情况而不想或是不能喝，那该怎么办呢？要知道酒席上的氛围总是喝酒容易拒酒难。

如果的确是对酒的招架力太差，就应该学会说好辞宴话，"说好辞宴话"的要点是，巧妙应对，给他人营造一种诙谐的说话环境，让他人在微笑之余，欣然接受你对应酬的推辞。

幽默辞宴的说话技巧：

（1）说话风格不要太过正式，更不要矫情，这样会显得自己不够真诚，有故意推脱的意向。所以，说服他人就应该要坦白真实地说，幽默直白会拉近与他人的关系，更能够以情动人。

（2）要适当地自贬和自嘲，玩笑中突出高强的应酬能力。

（3）要体现自己的大局观念，委婉指明自己的参加会影响到宴会的雅兴，为大局着想，只好有自知之明地选择退出。

生日致辞，幽默来贺

每个人都会过生日，有些时候我们会宴请些亲朋好友一起庆贺自己成长，生日宴会往往具有热烈的氛围与欢闹的言辞，幽默在这种场合是最具有感染力的语言。但是生日宴会上的幽默交谈、致辞要根据年龄的不同采用不同的技巧，用词用语要适当。

生日的主持人应该掌握生日宴会的各个步骤，根据场合和情况发挥出自己的幽默特色。既要涵盖对寿星的祝福，又能够调动气氛。对于不同年龄阶层要用不同的用词，一般大型的生日宴会，如孩子周岁或者老人过大寿都要格外注意，而且要懂得一些规矩。如在请来宾致祝词的时候要长幼有序。

生日祝词，也就是来宾对过生日的人所说的祝语。祝语要根据寿星的年龄来选择适当的话，更要符合说话人的身份。对于长辈多半以祝福为主，而对待同辈和晚辈则要以勉励为主。

按年龄来说，如果是 10 岁以下孩子过生日，一般要包括对孩子的表扬和肯定，鼓励孩子并提出希望，最后祝福孩子并表达出自己对孩子的爱，可以说祝福可爱的小宝贝健康成长等。

而 18 岁以下的少年，祝福语应该偏重于学业，祝福其学业有成，取得进步之类的。

18 岁已成年的青年人，对他们的生日祝语则偏重希望其能够实现自己的志向，找到好的工作等。

对于中年人，在生日庆典上要祝福其事业有成、儿女聪颖可爱，家庭美满、身体健康等。

对于老年人，要格外重视。一是因为老年人祝寿的讲究多，二是老年人对于自己的生日格外重视，所以要谨言慎行。应该根据寿星的年龄和性别来做相应的变动。对于年长的男寿星多用"松柏""北斗""泰山""南山"等，来表现男性的坚韧和刚强；对于女性则多用"瑶池""王母""萱草"等来赞扬其柔美温和。

以过寿的是自己的双亲为例，在祝词中既要表现出对父母的感激之情，又要表现出自己对父母的爱和理解，更要表现出对父母的祝福。致辞的风格当然非常需要幽默这位喜庆"朋友"的助阵，可以选择这样开场：

我在天空写下祝你生日快乐，却被风儿带走了；在沙滩写下祝你生日快乐，却被浪花带走了。

知道你明天就要过生日了，到底想要什么礼物呢？想要什么礼物尽管说，快说呀，快说呀……话已经说完，时效已过。

现在的生日不送礼，让我把祝福送给你，如果你嫌礼不重，再把我也往上凑。祝你生日快乐，长命百岁！

又是一年生日时，一句祝福送给你：愿生日祝福你，好事追着你，主管重视你，病魔躲着你，爱人深爱你，痛苦远离你，开心跟着你，万事顺着你！

第6章

职场幽默——愉快工作，轻松生存

职场矛盾，幽默化解

在战国时期，齐国有个出身卑微的人，叫淳于髡，他虽然身材矮小但口才很好，善于讲幽默笑话，使听者在笑声中受到启发。于是齐威王派他作为齐国的使臣，出使各国。由于他有一副雄辩的口才，因而每次都非常出色地完成了使命，深得齐威王的器重。

一次，楚国发兵进攻齐国，齐威王派遣淳于髡带着黄金百斤、驷车 10 乘为礼物，前往赵国求救兵。淳于髡接到命令之后，放声大笑，直笑得前仰后合，浑身颤动，连帽子缨带都断了。

齐威王问他道："先生是不是嫌我送给赵王的礼物太轻了？"

淳于髡回答说："我怎么敢呢？"

齐威王又问："那么，你为何这样大笑呢？"

淳于髡答道："不久前，我从东面来，看见路上有一个人正在向土地神祈祷。他拿着一只猪蹄，捧着一杯酒，嘴里念念有词，'高地上粮食满筐，低地上收获满车，五谷丰登，全家富足'。我看见他奉献给土地神的少，而向土地神索取的多，所以觉得好笑。"

齐威王听到此处明白了，淳于髡是在用隐语来谏劝自己增加礼物，于是决定把礼品增为黄金 1000 镒（每镒 20 两）、白璧 10 对、驷车 100 乘。淳于髡于是带着礼物前往赵国，说动了赵王，答应发兵救齐。

在职场中，我们常常会碰到各种各样的矛盾，有的甚至是十分棘手的难题，这就需要我们妥善解决它。我们可以以幽默的语言打开局面，给上司以智慧的启迪和美的享受。所以，职场上离不开幽默的语言。

另外，需要注意的是，职场离不开的是恰当的幽默，而不是过分的幽默，当你说的话出现严重措辞不当的时候，即使很有幽默感，又能有谁会为你的幽默喝彩呢？

在一次盛大的宴会上，一位诗人和一位将军坐在了一起，但是他们对彼此都很有敌意，将军看不惯诗人，诗人也不习惯将军的架子，他们对彼此很冷淡。每当宴会主人提到诗歌的时候，将军就会摆出一副不屑的表情。当宴会进行到一半的时候，宴会主持人提议让诗人当场为大家作一首诗。

幽默的诗人推辞说："哦，主持人，作诗没有什么好看的，还是让我们的将军来为大家表演发射一枚炮弹吧。"

将军听到这，呼哧一下笑了，并与诗人举杯同饮。直到宴会结束的时候，他们还谈得火热。

幽默，可以让互相仇视的两个人，相逢一笑泯恩仇。职场中并不总是一帆风顺，也并不总会遇到自己喜欢的人，当"看不惯"占了上风的时候，请学会运用幽默的智慧之剑将冷漠斩断。真正聪明的人，总会依靠幽默使职场更富人情味、变得更顺利。

所以说幽默是一门艺术，是一门必须修炼的课程。职场中，幽默的遣词造句是优秀员工所必备的，拙于言辞让你的职业生涯已经失败了一半。

在争吵与不和面前，保持微笑，幽默地说话才是一种可贵的涵养与品质。

职位变动，幽默视之

职场中，被辞退或是调离都是常常发生的事情，一般大家都会觉得被炒鱿鱼是一件非常痛苦的事情，但是，如果换一种想法，换一种思维方式，或许就没有我们想象的那么糟糕。

波特刚被公司辞退了。便有朋友打电话安慰他：

"波特，听说你被炒了，这是怎么回事呢？"

"哦，"波特说，"你知道经理是什么样的人，他就是那种悠闲地看着别人工作，而自己从来不动手的人。"

"这个情况我们是知道的，但是为什么他会让你走？"

"嫉妒！完全是他的嫉妒……你知道吗？其他所有人都认为我是领班。"波特幽默地回答。

在离职的时候也不忘记给自己找个十分体面的理由，就像波特一样，把自己的离职归结为自己太有才能，让领班产生嫉妒，自己才会被撤职。被炒鱿鱼并没有什么不光彩的。用幽默来安慰自己，这不得不说是一种智慧。

如果是非走不可，我们也要幽默大度地走。为什么还要有失落、无奈和心酸呢？我们要用一种诙谐、豁达的态度告诉别人，同时也告诉自己，不管是辞退还是调离，都预示着一段新生活的来临，不能说就一切都不好，或许更有希望，不论前方的路是阳光大道，还是羊肠小道，我们都要勇敢地去面对，坚持走下去。

美国著名讽刺作家马克·吐温曾在《守声报》工作，可是，6个月后的某一天，报社总编突然找到他对他说："你太懒了，一点都不顶用！你收拾收拾东西离开我们这里吧，我们这里不欢迎懒汉。"面对这一切，马克·吐温并没有表示遗憾，只是微微一笑，大声对主编说："你这个笨蛋，你竟然用了6个月时间才了解我的为人！我可是刚到报社那天就知道你了。"

马克·吐温面临着即将失去工作的境况，但他的一句话便让他从劣势一下子占了上风，自信十足地离开了。

此外，面对人事调动，我们要学会欣然接受公司的安排。

小刘一直在公司总部工作。一天，人事经理找到他，告诉他即将把他安排到分公司服务，叫他收拾准备一下。人事经理安慰小刘道："小伙子在基层也得好好努力，工作好了，我们过一段时间还是会把你调回总部的。"

小刘毫不在乎地说道："到基层没有什么不好的，我现在只是觉得像个董事长不过是退休罢了！"小刘的幽默回答体现出了他乐观豁达的精神，无形中把自己提到了一个较高的档次上，降职在他看来反而像是升职了一样。他这样一说，便让经理等其他人对他另眼相看。

无论怎样，幽默大度地从工作岗位离开，一转身就不再留恋，给自己留下美好的回忆。幽默地离开，是一种生活的态度，是向别人展示一种豁达的胸襟。哪怕我们将要离开的工作岗位是我们维持生计的保障，我们也要笑着离开，告诉别人，我们不怕挑战。

方圆幽默，巧妙制胜

幽默是智慧、爱心与灵感的结晶，是一个人良好素质和修养的表现，也是一名工作者圆融处世的灵丹妙药。日本心理学家多湖辉把幽默称作"语言的酵母"。创造出幽默就是创造出快乐。幽默的人生，是乐趣无穷的人生。学会和善于运用幽默，会令我们的工作、生活更为丰富和快乐。尤其是方圆的幽默技巧，会让你在职场中立于不败之地。

基辛格31岁时，以优异的成绩取得哈佛大学博士学位，之后留校任教。他喜欢外交，具有无与伦比的辩论能力和外交天赋。

基辛格担任国务卿时，有一次设宴款待联合国外交使节团和记者团。他在致辞中说："各位外交官先生，你们的周围都是新闻记者，说话要多留神。各位记者先生，你们的身边都是外交官，对他们的话，可别太认真了。"

如何在工作中自由游走？即话不能说得太多，不能说得太绝，凡事要留有余地，既要像记者一样知晓多方厉害，也要像外交官一样，通达多方关系。这就是基辛格的方圆幽默技巧展示。

基辛格是一个懂得运用幽默处世的高手，他知道什么该说，什么不该说，该说的会幽默地说，不该说的会委婉绕过。

基辛格在担任国务卿期间，为了谋求世界和平，经常奔走于华盛顿、巴黎、北京、莫斯科，进行穿梭外交。

有一次举行记者招待会，基辛格表示下星期日世界不可能有新的危机发生。记者追问这是什么原因，他幽默地说："因为我的工作已经排满了。"

基辛格懂得如何让别人认识到自己工作的重要性，他借用幽默来表达，既让大家看到自己的工作内容，更让大家感受到自己真诚的努力。为此，才会受到更多人的尊重与信服。

方圆幽默适合于各行各业，有方圆幽默的地方就有欢笑，就能够将难以回答的问题幽默地做出精彩的答复。

一次，一位大律师到某大学讲演时，对于学生提出的各种问题，他都做了坦率的解答。这时，一位男学生递上一张纸条，上面写道："既然律师公平地维护当事人的权益，那么你为什么还要为杀人犯辩护？你明明知道他杀了人，难道法律没有公平可言吗？"读完这一尖锐问题，那位大律师想了一下，便问那位男生："你喜欢照相吗？"见男生直点头，大律师反问道："你脸上有光滑漂亮的时候，也有长疮疤不干净的时候，你为什么不在脸上生疮疤的时候去照相呢？"这一问，引得周围的人都情不自禁地笑了。

对于男学生提出的颇有难度的问题，律师不急于作答，而是提出一个对方感兴趣的幽默问题，再进行反问，把在法庭为杀人犯作辩护与年轻人的照相巧作对比，在言简意赅和风趣诙谐中，把自己的观点表达出来，让人豁然开朗，印象深刻。

因此，通常回答有些人的提问时，正面的回答极易落入俗套，难以满足提问者的要求，幽默的回答者会漫不经心地似答非答，引对方入"圈套"，占据主动，最后让对方折服。

避免与同事"交火"

工作中同事之间很容易发生争执，有时搞得不欢而散甚至使双方留下芥蒂。人是有记忆的，发生了冲突或争吵之后，无论怎样妥善地处理，总会在心理、感情上蒙上一层阴影，为日后的相处带来障碍，最好的办法还是尽量避免它。

中国人常说："有话好说。"这是很有道理的，据心理学家分析，争吵者往往会犯三个错误：第一，没有明确清楚地说明自己的想法，含糊，不坦白；第二，措辞激烈、武断，没有商量余地；第三，不愿以尊重的态度聆听对方的意见。这个时候，我们需要借助幽默，为即将在职场中爆发的矛盾开脱。

同事之间的关系是职场关系的重要一层，毕竟若还打算在公司中工作下去，就免不了与同事相处。同事关系的和谐是助力自己积极工作的重要动因。如果不能够选择自己的同事，那么就请选择幽默的相处态度，对同事多运用些幽默来搞好关系，善用幽默避免与同事的争吵，为自己腾出更多的时间和精力致力于工作。

麦克阿里斯特作为某大航空公司的主管工程师，曾经被派往参加一次关于要不要将新型喷气引擎继续安装在"逾龄"飞机上使用的会议讨论。此次会议讨论十分激烈，一方强烈要求安装，另一方却坚决反对安装，双方僵持不下，火药味就快要浓烈到极限了。就在这时，会议讨论主席一席幽默的话打破了这种紧张对峙局面。

主席说："这些老飞机就跟老祖母一样，为老飞机安装新型喷气引擎就像是在为老祖母隆胸一样，可能带来浪费，却也可能会大有用处，不管怎么说，老祖母还是觉得很开心的吧。"

主席巧用比喻以及诙谐式的表达，让在场的人们放声大笑起来，对峙的局面一下子缓和了很多。会议讨论最终得出了一致的意见，就是可以将新式引擎安装在老飞机上。幽默解决了工作中对峙的尴尬，避免了"交火"的发生，为和谐共处创造了条件。同事在工作中更需要这种和谐的幽默相处方式。幽默会加深同事之间的感情，避免不良情绪左右工作时的心情，进而提升工作的效率。还有一点很重要，就是幽默可以帮助同事保全情面。

一位漂亮的打字员小姐收到了一封来自男同事的表白信，但是她对这位男同事没有感觉，于是她没有理会男同事的信。可这位男同事仿佛并不在意打字员小姐的置之不理，他一如既往地写信。终于，有一天打字员小姐把他刚送过来的一封信连同自己重新打了一遍的信寄给了他，并幽默地说道："我已经为你全部打完了，还有什么事情吗？"

此后，这位男同事不再自找没趣。

打字员小姐巧妙地借助了职业之便，幽默委婉地拒绝了男同事的求爱，保全了男同事的尊严，又不会使自己为难。

办公室是工作场所，建立良好的工作环境十分必要，幽默可以让自己树立起友好形象，可以获得同事们的好感，减少摩擦的发生，使自己与同事在和谐中竞争。

退一步说，即使和同事没有竞争关系，没有提升不提升的前途问题，而只是彼此意见不合，也不必非说一些撕破脸皮的话。相互之间有了不同的看法，最好以幽默的口气提出自己的意见和建议，语言得体是十分重要的。每个人都有自尊心，伤害了他人的自尊心，必然会引起对方的反感。即使是对错误的意见或事情提出看法，也切忌嘲笑。

幽默的语言能使人在笑声中思考，而嘲笑使人感到恶意深重，这是很伤人的。真诚、坦白地说明自己的想法和要求，让人觉得你是希望与他人合作而不是在挑别人的毛病。同时，要学会聆听，耐心地听取对方的意见，从中发现合理的部分并及时给予赞扬或同意。这不仅能使对方产生积极的心态，也给自己带来思考的机会。

职场幽默应恰到好处

幽默要分场合、人物与时机，开玩笑也要分场合、分人物。与其他人在一起时，可以观察他们的性格，有些人是不喜欢开玩笑的，有些人性格开朗，开开玩笑也没有关系的。所以，幽默要因时因人而定。朋友、熟人之间适当开开玩笑，可以活跃气氛，融洽关系，增进友谊。但开玩笑一定要适度，要因人、因时、因环境、因内容而定。

小王总是忘记刮胡子，生性散漫，因此多次被批评，但是积习难改。

一天主管找他谈话，这位主管劈头就问道："想一想，小王，你身上最锋利的是什么东西？"小王愣了一下，掏出兜里的水果刀说："就是这把水果刀了。"主管摇摇头说："我看不见得，应该是你的胡子。"小王十分不解："为什么？"主管说道："因为它的穿透力非常强嘛。"经理的潜台词是说："小王，你的脸皮真厚。"等到小王反应过来，脸气得通红。

由此可见，不恰当的幽默或者过分的幽默会使别人处于难堪之中，不但达不到联络感情、调节气氛的效果，反而会无意中伤害他人的自尊心。

由于讥讽幽默具有非常严重的负面效应，所以在对别人进行批评使用幽默时就要仔细推敲，以免让他人产生被捉弄、被嘲笑的感觉。职场中尤其如此，上司和下属之间、同事之间，适时地开几句玩笑，会达到一种团结一致、彼此平等的效果。然而一些不恰当的玩笑，会让人感到失去了交际的平等感，被歧视了，使他人陷于焦虑之中或受到伤害。

必须要承认，在职场，许多时候做事和做人同样重要，不聪明的人把职场当成厮杀的"战场"，聪明的人当它是个"秀场"。善用幽默很好制造职场"笑气"的人，既能让自己的工作进行得更顺畅，也能扮演同事之间的润滑剂。

有一位经理对手下的职员说："我需要这进度报表的5份复印本，马上就要。"这位职员按下复印机的按钮，立时，25份复印本马上就复印了出来。"我不要25份。"经理大声说。于是这位职员笑着说："对不起，但是你已经得到了那么多！"然后他俩爆出一阵笑声，笑那复印机没有人性。

这位职员以幽默的反应来缓解紧张的气氛，并且使得上司接纳了她在严肃与趣味之间巧取的平衡。当然，她的上司也赢了。他以更为轻松的心情，了解到了自己忽视了一个与其他部门做更好沟通的机会。多出来的 20 份复印本，可以用来帮助其他的部门经理了解他这个部门在做些什么。

行使幽默是对生命张力的一种缓解，一种释放，一种松弛，这并不是一件容易的事。幽默需要我们用谨慎的态度对待它，要用对时机，更要用对场合。

人人都喜欢幽默睿智之言。幽默需要机智，需要自嘲，需要胸怀，需要对人的博爱，需要对人的关怀，需要心灵的火花闪耀，唯一不需要的就是对他人没有顾忌的"开涮"，即使是善意的。但是，许多人却不知道善用这个利器，或者是不知道该怎么用，甚至不得其法最终弄巧成拙。

幽默在工作中不但可以表现你的聪明，还可以鼓励他人，使紧张的局面得到缓和，为你的工作助兴。适合职场的幽默方式很多，但是也要慎用。幽默是一种机智性应对，如果别人对幽默做出相应的反应，那么就是一场脑力激荡的游戏。如果别人感到有压力，或不喜欢这种游戏，就容易排斥这种幽默。如果不好断定能否说出大家都非常喜欢听的话时，最好的方法就是沉默，俗语说沉默是金，此时无声胜有声。否则就可能是口无遮拦，夸夸其谈，出口伤人。

第 *7* 章
婚姻幽默——笑到白头，婚姻长青

巧设"圈套"，达到目的

　　夫妻之间吵吵闹闹是常有的事，有的小打小闹简简单单就过去了，可有的却严重到要分家的地步，这种时候，只要你能把对方逗笑，僵局自然就被打破了。

　　家庭不是讲理的地方，也是个讲理讲不清楚的地方，夫妻之间不应该对生活中的摩擦过分较真，因此，和谐家庭中嘻嘻哈哈处理矛盾的"歪理"幽默，自然就成为缓解夫妻矛盾、加深感情的功臣。这位妻子就是一位巧设圈套的人，她通过呼啦圈设计让自己的老公明白婚姻需要在包容中，需要尽快忽略掉不高兴的事情。

　　萨拉拿出一个一直放在衣橱上面的旧呼啦圈，一次当弗兰克又为他们的婚姻提条件时，她说："请你拿着这个呼啦圈，我从中间跳过去。"

"这是干吗？"他问。

"噢，亲爱的，"她说，"我似乎注意到你是多么愿意让我跳进你设的圈套以证明我爱你。你觉得我们可以谈谈这个问题吗？"

"你在说什么呢？我没那么做过。"弗兰克说。

"我相信你没有意识到你那么做了。我知道你爱我，但是这一切感觉就像一系列没完没了的考验。"

"圈套，嗯？"他说，"好吧，我们谈谈。"

然后弗兰克一笑，那是萨拉最喜欢的笑容。弗兰克说："在我们谈正事之前，你觉得你能先跳过这个呼啦圈吗？"

这句话一下子冲淡了家庭中的紧张气氛。从此之后，两人的关系不再那么紧张。妻子是多么明智且富有生活情趣的人啊，面对夫妻之间的紧张关系不是只想到抱怨，也没有装作视而不见，而是借助了幽默的方式，让紧张的气氛变得充满了喜剧效果。

还有一次，妻子在厨房做饭，忙得满头大汗。丈夫却坐在餐桌边悠闲地说："讲到吃，我最有研究。譬如吃猪脑补头脑，吃猪脚补脚筋，吃……"

这时，妻子端来一盘炒猪心，放在餐桌上，丈夫夹一块放进嘴里，边吃边问妻子："你知道这猪肝、猪心补的是什么？"

"是补那些没心肝的人。"妻子不耐烦地答道。

从妻子的表达中，我们可以发现她的丈夫是个很自私，不愿意为家庭、为爱人付出的人。他只管自己一个人的舒服而看不到妻子的忙碌，妻子则巧妙地通过对吃的看法，借机委婉表达了自己的意见，让丈夫能够听出言外之意。

虽说家庭是个应该以真诚与坦诚相待的地方，但是给对方巧妙设"圈套"实际上是经营婚姻的智慧之法。通过圈套，让另一半了解自己的想法，委婉表达出自己的不满，这样可以避免双方因为意见不合而大动肝火。

夫妻争吵，需要适度幽默感

俗话说："谁家的烟囱都冒烟。"即使是最恩爱的夫妻，也难免发生争吵。一般口角，吵过之后也就完了，但是，如果争吵起来不加控制就可能激化矛盾，引出意想不到的坏结果。所以，夫妻争吵有必要控制好"度"，最好是要掌握一点技巧性的幽默度。

有的夫妻争吵时，喜欢把过去的事情扯出来，翻旧账，历数对方的"不是"和"罪过"。这种方式很愚蠢。夫妻之间的旧账很难说得清。如果大家都翻对自己有利的那一页，不但无助于解决眼下的矛盾，而且还容易把问题复杂化，让新账旧账纠缠在一起，加深怨恨。夫妻争吵最好"打破盆说盆，打破罐说罐"，就事论事，不前挂后连，这样处理问题，才容易化解眼前的矛盾。

如果在夫妻争吵到一定程度的时候，一方能投之以幽默，则另一方也会还之以幽默，这样才能够将矛盾化解，让争吵平息。

一次，丈夫陪妻子上街买衣服，从早上逛到了晚上也没有买到合适的衣服。因为无论妻子试穿哪一件衣服，丈夫总显出一副心不在焉的样子，附和着说好看。疲惫不堪的妻子最后质问道："你这个人怎么能这么随随便便？"

丈夫看到妻子发火了，赶忙补救说：“当初我也是这么随随便便就把你选上了，可是你挑中我却是经过精挑细选的啊。”

妻子听到这话，一下子笑出声来，怨气消退了一大截。丈夫巧妙地把自己的“随随便便”说成是妻子的“精挑细选”的结果。不仅指出了挑中自己对妻子来说是件不容易的事情，也将妻子“精挑细选”的结果幽默了一把。

如果夫妻在争吵中，由于激烈程度过高，确实没有时间幽默的话，也要注意吵架时候的语言应该有尺度，不能对另一半的缺陷进行恶语攻击。

俗话说小吵宜情，适当的争吵可以让婚姻别具风味，没有争吵的家庭则是因为缺乏个性的拼合。但是，夫妻争吵应建立在适度的幽默基础之上，应该建立在相互尊重的层面上，如果让争吵演化成为人身攻击，只会让婚姻逐渐走向崩溃的边缘。

一般说来，夫妻双方十分清楚对方的毛病和短处。比如，对方存在生理缺陷，个子小，不生育等。在平时，彼此顾及对方的面子而不轻易指出。可是一旦发生争吵，当自己理屈词穷、处于不利态势时，就可能把矛头对准对方的短处，挖苦揭短，以期制服对方。有道是“打人莫打脸，骂人不揭短”，任何人都最讨厌别人恶意揭短，这样做只会激怒对方，扩大矛盾，伤及夫妻感情。

会说嘲语，拨动伴侣心弦

自嘲运用得好，可以使交谈平添许多乐趣，如果用不好，则会使对方反感，造成交谈障碍。自嘲要审时度势，相机而用，不宜到处乱用，比如对话、辩论、座谈讨论、调查访问等就不宜使用自嘲。此外，自嘲要避免采取玩世不恭的态度。具有积极意义的自嘲，包含着自嘲者强烈的自尊、自爱。自嘲不过是当事者采取的一种貌似消极，实为积极的、促使交谈向好的方向转化的手段而已。

恰当的自嘲，在夫妻生活中同样具有十分重要的调节意义。

一位丈夫要出国深造，妻子半开玩笑地对他说："你到那个花花世界，说不定会看上别的女人呢。"丈夫笑了，调皮地说："问题是谁看得上我呀。你瞧瞧我这副尊容，瓦刀脸，罗圈腿，大眼泡，招风耳，站在大街上怕是人家看都不看呢。"说得妻子开怀一笑。

丈夫的自嘲，隐含让妻子放心的意思。这比一本正经地发誓，更富有诗意和情趣。敢于自嘲的人往往不失大家风范，这是幽默的最高境界。自嘲运用得当，能够增添夫妻交往的情趣，促进夫妻之间和谐相处目的的实现。但是运用自嘲，绝不能消极沉落，更不能玩世不恭。

有一对老夫妻吵架后，彼此都不愿意先开口说话。在冷战了几天之后，先生已经忘记了两个人之间的不愉快，想找机会与老太太说上几句话，可老太太的记性还是太好，对老头子的不是依然记得清楚，依旧不愿意搭理他。

先生正在不知道如何是好的时候，就在屋里到处乱翻了起来，看到老头子晕头转向地翻找，老太太终于忍不住了，她对老头子喊道："你找什么呢？至于把家里翻成这样吗？"

先生这才一拍脑门，说道："我已经是老糊涂了吗？没有老太太的记性好，要是没有老太太在身边督促着我，我就是这样一个没头没脑的样子啊，什么东西都找不到。"

老太太听到自己的先生这么夸赞自己，着实高兴了一番。既然先生已经道歉了，自己也就没理由一直摆谱下去。最后，老太太与先生重新和好了。在整个和好过程中，老先生对自己的幽默嘲讽，以及对老伴的巧妙奉迎起到了不可替代的作用。

对于已经结婚的人，都应当学会用幽默来保护自己的家庭。只要不是涉及原则性问题的重大分歧，善用幽默的豁达来应对另一半的喜怒哀乐，就能使家庭生活在最佳状态中一直运行下去。

中和醋意，幽默是秘密武器

爱情是自私的，爱情一般要求对方的眼睛里只有自己。因此在爱情的世界里常常会出现闹情绪的状况，闹情绪的大多数原因是吃醋。不管是男人还是女人，"醋意"是人之常情。毕竟一个男人不会乐意自己的女朋友或者妻子跟别的男人亲密地走在一起，一个女人更是反感自己的另一半与别的女人有什么瓜葛。

一对新婚不久的夫妇在街上手牵手地走着，突然迎面过来了一位时尚的漂亮女孩，做老公的或许只是下意识地多看了那女孩几眼，结果被老婆发现了。老婆的脸色顿时变得难看了起来，质问道："整天就知道看美女，也不怕把眼睛看歪了。"

老公看到老婆生气了，连忙解释说："老婆不要生气啊，我可不是在看美女，我是在帮你打探时尚流行风。看看你今年穿什么衣服最漂亮啦。"

尽管老婆还在生气，但是听着老公这么幽默的解释，也就不再追究。在婚姻中，两个人难免出现吃醋与生气的事情。这个时候不要当作什么都没有发生，也不要一味地放纵对方，要将自己的意见幽默地表达出来。双方的沟通与爱情的甜蜜和幸福有重要的联系。

这里还有一对闹情绪的夫妻，他们本来是高高兴兴地去参观一家美术展览，可是当他们走到一幅女像油画边的时候，丈夫却久久不愿意离开，甚至对着油画发呆。妻子看到丈夫的"魂不守舍"，已经气得不得了。

但是这位妻子比较聪慧，她怕直接发脾气会给老公带来自尊上的伤害，于是打趣地对老公说道："嗨，亲爱的，难道你要站在这里等着秋天掉落叶吗？"

妻子的幽默提醒让丈夫霎时间从看画的思绪中走了出来，并对妻子抱有歉意地笑了笑。因此，幽默不仅仅可以用来中和对方醋意，也可以用来表达自己的醋意。如果一方醋意萌生，另一方却装作视而不见，只会加重自己的苦闷与烦恼。所以，聪明的幽默者总是能够运用幽默的智慧周旋于吃醋与被吃醋之间。

有一位妻子对自己的老公非常不满，因为她总感觉自己的老公没有正形，见到漂亮的女孩就总是啰唆个没完。终于有一次，妻子忍不住了，她对老公抱怨道："你怎么这么没有责任心，明明知道自己结婚了，还对漂亮女孩那么恋恋不舍啊？"老公却幽默地回答说："你说的正好相反，因为我每次见到漂亮女孩的时候，最时刻谨记的就是我已经结婚这个事实。"妻子听到老公的辩解后也没有再说什么，但是心里已经感到安慰了许多。

总之，在夫妻生活中，对待喜欢吃醋的一方，应该学会借用幽默的口才力量来避其锋芒，巧妙退步，将对方的醋意消解，维护双方的感情。

笑出婚姻，幽默赢得幸福

硕士美女李芊要结婚了，一向交友广泛的她，在身边众多男子中选择了王旭作为交换婚戒的对象。得知这个消息后，她的几个死党大感诧异，因为王旭既不是最帅，也不是最有钱的男友。

"为什么是他？"

李芊的嘴角向上扬起："简单，因为他最能让我笑。"

那些在女人面前很"吃得开"的男人，不管长相如何，都有一套逗人发笑的本领。只要一与这种人接近，就可以立即感受到一股快乐的气息，使人喜欢与他为友。一个整天板着面孔，不苟言笑的"老古板"，是绝对不会受到女孩子们欢迎的。不少情感心理学研究者认为，男人由于平时比女人话少，所以，男人的语言的分量就更被女人所注意。不少男人也正是利用幽默的手段来填补自己语言的匮乏，所以，他的魅力便永驻于人们对他的幽默的回味之中。

家庭之中夫妻争吵是一种普遍现象，不论是伟人还是普通人莫不如此，恼怒之中如果即兴来一两句幽默，往往会使形势急转而下。人们常说"夫妻没有隔夜的仇"，更多的时候都是这种豁达的幽默消除了隔阂。

男女朝夕相处，天天锅碗瓢盆，举案齐眉、相敬如宾反而是一种难以产生的现象，有人戏称之为"冷暴力"。小吵小闹有时反会拉近夫妻间的距离，同时也使内心的不满得以宣泄，如果再佐之以幽默、机智的调侃，无疑使夫妻双方得到一次心灵的调剂，保证了家庭生活的正常运行，请看下面这几对夫妻的幽默故事。

驾车外出途中，一对夫妻吵了一架，谁都不愿先开口说话。最后丈夫指着远处农庄中的一头驴说："你和它有亲属关系吗？"妻子答道："是的，夫妻关系。"

妻子："每次我唱歌的时候，你为什么总要到阳台上去？"

丈夫："我是想让大家都知道，不是我在打你。"

在新婚之夜，新郎问道："亲爱的，告诉我，在我之前，你有几个男朋友？"沉默不语。"生气了？"新郎想，过了片刻又问，"你还在生气？""没有，我还正在数呢！"

结婚多年，丈夫却时时需要提醒才能记起某些特殊的日子。在结婚 35 周年纪念日的早上，坐在桌前吃早餐的妻子暗示："亲爱的，你意识到我们每天坐的这两把椅子已经用了 35 年了吗？"丈夫放下报纸盯着妻子说："哦，你想换一把椅子吗？"

亨利的妻子临睡前絮絮叨叨的谈话令他十分不快。一天夜里，妻子又絮叨了一阵后，吻别亨利说："家里的门窗都关上了吗？"亨利回答："亲爱的，除了你的话匣子外，该关的都关了。"

以上五则故事中的夫妻幽默均恰到好处地表达了自己怨而不怒的情绪。有丈夫对妻子缺点的抗议，也有妻子对丈夫多疑的抗议，但其幽默的答辩均不至于使对方恼羞成怒，妻子用夫妻关系回敬丈夫也是一头驴，用数不完的情人来指责新郎的无端猜忌，丈夫用巧言指出妻子的絮叨，这幽默的话语听上去自然天成，又诙谐动听。这些矛盾同样有可能发生在我们每一个家庭之中，有时却往往因为两三句出言不逊的气话而使矛盾激化。许多夫妻都有过类似的经历，无谓的争吵随时都会发生，一旦发生又会因愤怒很快失去理智，直至闹得不可开交，甚至拳脚相加。生活中，我们常看到这种情景，在公共场合彬彬有礼的谦谦男子或女士，在家人面前同样也会为一些小事而大动肝火，有时即使是恩爱夫妻也不可避免，双方似乎都失去了理智，哪壶不开偏提哪壶，专揭对方的痛处、短处解气，唇枪舌剑，互不相让；及至冷静下来，才发觉争吵的内容竟是那样愚蠢、无聊。殊不知忍一时风平浪静，退一步海阔天空，多用幽默少动气不是一样也可占尽心理上的优势吗？作为一家之主的男人应该以幽默博大的胸怀包容妻子的一切不满，这是上帝在亚当夏娃时代便定下的规矩。

总的来说，在两个人的世界里，幽默可以发挥令人意想不到的效果，它可以增进恋人之间的感情，调节气氛，制造亲切感，它还可以消除疲劳和紧张感，使两个人都能够轻松、快乐地面对生活。

下面是判断一件事是否真正有趣的几个原则：

（1）如果你确定它不是一件令他（她）敏感的事；

（2）如果你不是在取笑他（她）的弱点；

（3）如果不至于令他（她）感到痛苦；

（4）如果你不是在泄露一件他（她）告诉你的秘密；

（5）如果不至于侮辱他（她）。

理性互补，幽默婚姻才和谐

现实生活中，不少人把分手和离婚的理由归结为"性格不合"。其实所谓的"性格不合"完全可以巧妙地转化为配合默契的"互补式爱情（婚姻）"。正如人们常说的"该相似的地方相似，该互补的地方互补"。

通常，互补可分为两种情况，一种是交往中的一方能满足另一方的某种需要，或者弥补某种短处，那么前者就会对后者产生吸引力。比如，依赖性强的人愿意和独立的人在一起生活等。另一种是因为别人的某一特点满足了你的理想，而增加了你对他／她的喜欢程度。比如，一个看重学历的人，自己又没有拿高学历的机会，往往希望对方能拿到高学历等。

英国著名作家梅瑞狄斯曾经说过："虽然接吻不能永久持续下去，可饭却是要天天吃的。"进入夫妻生活以后，油盐酱醋的细琐已经取代花前月下的浪漫，实现性格上的磨合需要幽默的加入。

丈夫下班回到家后，发现妻子还没有回家，但是这个时候的他已经很饿了。当妻子进门的时候，还没有喝口水休息一下，丈夫就急切地催促说："快点做饭啊，我的肚子都已经扁了好几个轮回了。"

妻子："好的啊，你来帮我一起做吧，这样还能早点吃饭。"

丈夫沉下脸来说："我已经饿得连走路的力气都没有了，如果再不做饭，我可要去饭馆吃了。"

妻子："好吧，等我 10 分钟。"

丈夫以为妻子已经向自己妥协了，正要高兴呢，妻子突然说："10 分钟的时间容我打扮打扮，下馆子去吧。"

丈夫无奈，只好帮助下厨。但是在下厨的过程中，夫妻俩依旧有说有笑，他们在锅碗瓢盆的平实中，感受到了快乐的情趣。

正是因为妻子的幽默，让丈夫的"不情愿"发生了转变。幽默能够让夫妻一方扭转形势的乾坤，能够给对方一个不得不去转变的理由。

妻子在很想出去购物买衣服的时候，向丈夫暗示说："今年春天，不知又流行些什么时装，好想再出去逛逛。"

丈夫幽默地回答说："还不是和往常一样，只有两种衣服，一种是你不满意的，另一种是我买不起的。"

妻子听到丈夫这么说，笑容满面了起来，原来改变一个人的看法，只需要幽默的提示就可以更加轻松地让对方认同自己的观点。

因为我们每个人都与生俱来地有一些缺点，所以为了弥补自己的不足，我们在寻求生活伴侣的时候，往往注意寻找能弥补自己缺点的人，从而实现所谓的"强强联合"。

幽默则是达到这种夫妻性格互补的重要因素。幽默可以帮助夫妻化解双方不相符的性格冲突，让两个人在互相欣赏中体会婚姻的幸福与家庭的温馨。

面对讥讽，用幽默进行反击

爱人之间经常会在不经意间互相调侃，调侃本来是一件很有意思的事情，却又经常被人们将有趣的问题扩大化，因为调侃不当会引起不必要的冷嘲热讽。那么，面对爱人的冷嘲热讽，我们该如何应对呢？

李德现在是某市的市长，有一次和妻子卓丹去一个建筑工地视察。这时迎面走来一个建筑工人，对着卓丹打招呼："这不是老同学卓丹吗？我是张达，你还认识我吗？高中时，我们还常常约会呢。"

离开建筑工地后，李德就嘲弄卓丹道："如果你当时嫁给了张达，现在你还是个建筑工人的妻子。"卓丹听他这么一说，知道这是有意刺激自己，也不甘示弱地反驳他："应该庆幸的人是你，要不然现在这个市的市长就不会是你了。"

家庭生活里有很多这样的斗嘴和相互"嘲讽"的现象，如果你要刺激你的爱人，那可要注意分寸了，因为刺激一旦过火，他（她）也会适时对你的进攻发起"反击"。这个时候，如果用幽默的方式进行调侃，火药味就会变得不再浓重。

男孩和女孩逛街，累了就坐在广场的椅子上休息。这时，女孩看到有一个很漂亮的女孩坐在对面的长椅上，东张西望。

女孩就对男孩叫道："快看，那个漂亮女孩正在看着你呢。"

男孩没有理会她，继续闭目养神。

"难道你真的不想看看吗？"女孩对男孩的表现充满了疑惑。

"她要是真那么漂亮，首先你就不会让我看的啊。"男孩若无其事地回答。

男孩并没有用直接的方式回敬女孩的嘲讽，而只是幽默作答。这样一来，既批评了女孩爱吃醋的心态，又表达了自己对她的浓浓爱意。在幽默的存在下，他人的嘲讽已经变得非常渺小。

在生活中，夫妻双方只有学会用幽默回击对方的讽刺，才可以在磕磕绊绊的生活中相互扶持，走完一生。

有一位小气的妻子总是把家里的财物管得很严，丈夫会觉得很不方便，一直想要声讨，却没有等到合适的机会。

这天，丈夫回家时，装作气喘如牛的样子，却又得意扬扬地对妻子说：

"我一路跟在公共汽车后面跑回来，"他喘着气说，"这一来我省了一元钱，没办法，身上钱不多只能省着过呢。"

没想到妻子笑着说："你何不跟在计程车后面跑，可以省下5元钱。"

在这个幽默故事中，丈夫所说的明显是假的，他要表达的是妻子对他的钱管得太紧了，他不得不省钱跑回家。面对丈夫有意的讥讽，妻子表示理解，在莞尔一笑的同时，以幽默的话回避了丈夫的讽刺。

谐趣甜言，爱你爱到入骨

夫妻相处的时候，有时甜言蜜语非常受用，尽管两个人已经很熟悉了，但是感情的经营需要甜言蜜语，于是不妨大胆些，在言语间多放点"蜜"。沐浴在爱河中的人不会经常用到客套的字眼。任何海誓山盟，"爱你爱到入骨"的话也可以说，不必怕肉麻，除非你并不爱他，除非你对婚姻生活的冷淡视而不见。

甜言蜜语，不能一味是大话、空话，要在符合实际的情况下说出来才足够分量。另外，甜言蜜语需要有情趣作为衬托，幽默情话才能让爱意无限，让婚姻保鲜。

情人节那天，老公和妻子商量："送你什么礼物呢？你现在正在减肥，出去吃一顿不合适，送一大块儿巧克力更不合适！"妻子说："那就送花！"他挠了挠头："好吧，那就送你玫瑰，你要9朵？19朵？还是39朵？"

妻子想了想，决定给他出一个难题："咱们都老夫老妻了，玫瑰花就免了，你能不能有点儿创意，送一种能给我带来惊奇的花呢？"老公眼巴巴地望着妻子，若有所思……

那天晚上，妻子早早打扮了一下，在家里等着他。门开了，老公两眼含笑，双手捧着一个盒子站在那儿，那是——妻子喜欢吃的麻花！说："老婆，你最爱的花，我已经买到了，我爱你！"

妻子看到最爱的麻花，听到老公说的贴心话，幸福地掉下了眼泪，扑到了老公的怀里。当爱情归于平淡之后，实在的浪漫往往才是最能让人感到幸福的东西。但是切不可因为爱情的平淡，就不把甜言蜜语放在心上，平淡的婚姻更需要用心经营。如果因为平淡就懒得再说好听的话语给自己的伴侣，那么你绝对是一个不称职的老公或者妻子。

在日常生活中，不要感觉到羞怯，对自己的爱人说甜言蜜语是一种很光荣的事情，不要以为甜言蜜语说出来就是为了一时的气氛，仅仅是为了逗对方开心。事实上，甜言蜜语对整个爱情的加固都起着重大作用，它是爱情运转的润滑剂。

从心理上讲，男人与女人对甜言蜜语有不同的理解。对女性来讲，语言比行动更为重要。因为女性要求被承认的欲望很强，恋爱中就更不用说了，就是在结婚后，女人也爱问："亲爱的，你爱我吗？"她时常要求确认"爱"，而对此退却的大多是丈夫。在男人看来，不管如何爱她，"我爱你"这三个字只要讲过，就不想说第二次。男人总是这样认为，我是否爱你可以在实际行动中表现出来。

所以，做丈夫的要把爱通过趣味十足的甜言蜜语幽默自然地表现出来，让她时刻体会到你深爱着她，并时时创造一种美妙的生活环境取悦于她，那样夫妻的感情会一天比一天深厚，妻子对丈夫的爱也会一天比一天深。

爱有阴晴，幽默是和事佬

男女初次接触时，都是花前月下、卿卿我我，互相看到对方的优点。然而爱也有阴晴圆缺，天长日久，恋爱双方开始对对方有所抱怨，甚至出现争吵、冷战。这种时候，我们就应该学习运用幽默化解不愉快。

彤与舟是大学同班同学。在一次大学生辩论会上，舟敏锐的思维、犀利的语言、雄辩的话语俘获了彤的芳心。大学毕业后，他们又被分配在同一座城市工作。

正当彤怀着迫不及待的心情准备与舟共筑爱巢时，彤的同学却告诉她，最近，她经常看到舟与一个很摩登靓丽的女孩子在一起。为此，彤指责舟对爱情不忠贞，见异思迁，舟解释说，那是他表妹，她来到这个城市求我帮她找一份工作。可彤根本不信，还说舟在欺骗她，并闹着要与他分手。深爱着彤的舟当然不愿失去心上人呀。于是，舟对彤说："人们都说你是才貌双全的美女，你怎么不想一想呀，除你之外，我真想不出有第二个愿意与我恋爱的。你瞧，我老气横秋，长相有损市容，写尽了人生的沧桑和苦难；再瞧我这条件，一下子就容易让人们联想到是刚经过洪水洗礼的困难户、重灾户，我现在最向往的是如何尽快脱贫致富，以报小姐的知遇之恩，哪敢花心哟。"

一席话说得彤转怒为喜，忍俊不禁。

舟的这番爱情表白，可谓妙语连珠，谐趣横生。究其原因，其用词的"错误"起着极大作用。两个人发生争执时，男士最好采用这种贬损自己的幽默方法来达到取悦女士的目的，这样她的怨气会立刻消散。

女人对于男人用这些形容词来巧妙道歉，永远不会觉得烦。就像男人听到"谢谢你，很有道理""好主意，感谢你的耐心"这些句子，也永远不嫌烦一样。作为男人，在与心爱女孩的交往中，该道歉时就要及时道歉，开启尊口，智解危机。适当的时候要学会采用幽默的方式来解围。

雅倩非常喜欢跳舞，男友小张偏是个好静的人，正参加自学考试，常被她拉去"看"舞。雅倩有个很不好的习惯，不跳到舞厅关门不尽兴，久而久之小张就受不了了。有一次他们从舞厅出来已是夜里12点多了，小张说："你的慢四跳得很棒，我还没看够。你一路跳回宿舍怎么样？"雅倩撒娇说："你想累死我啊？"小张一副认真的样子："不要紧，我用快三陪你跳。"雅倩扑哧一乐："亏你想得出，丢下我一个人也不怕我碰上流氓。"小张这时言归正传："那你在舞厅丢下我一个人也不怕我打瞌睡被人掏了包儿。"雅倩这时才知道男友压根儿没有兴趣跳舞，以后就有所收敛了。

当我们无意中让恋人生气了，不妨像小张一样运用幽默的战术，这样可以比较轻松地将对方生气的时间缩短，让他（她）怨气全消。毕竟很少有人不喜欢接受真诚、诙谐、轻松的道歉方式。

人有悲欢离合，爱有阴晴圆缺。在爱情的世界中，并不是一切都是那么和美、甜蜜，当两个人之间出现了小矛盾的时候，巧用幽默可以让你们和好如初，还能升华你们的爱情温度。

第 8 章

生活幽默——调剂生活，柴米油盐有幽默

用幽默调料调出趣味生活

明朝冯梦龙在《古今谭概》中，记了这样一个笑话：

一位内阁大学士的儿子在科举考试中屡次失败，但他儿子的儿子却在一次考试中考上了。

为此，内阁大学士经常骂他儿子不成才。可他的儿子不认账，他强辩道：

"我的老子当了大官，你的老子却没有当大官，可见你的老子不如我的老子。我的儿子中了进士，你的儿子没有中，可见你的儿子不如我的儿子。既然你的老子不如我的老子，你的儿子又不如我的儿子，那就是说，你不如我，你凭什么说我不肖、不成才呢？"

看来这位内阁大学士的儿子虽不成才，却善幽默，理虽歪而言颇巧，所以把他的老子也逗得发笑，不再责备这个不成才的宝贝儿子了。

幽默是生活中的阳光，有光芒的地方就不会出现沉重的阴霾。幽默的生活态度能够让生活与沮丧隔绝，幽默的沟通让你的人生不再寂寞，让你在言语的欢快中充满了淡定的智慧。

国外一著名主持人主持过一场晚会，这场晚会并没有其他项目，只是主持人和协助他主持晚会的几个文艺界著名人士在台上进行幽默机智的问答，而台下的观众始终兴致盎然，笑声、喝彩声不断，气氛十分热烈。下面是主持人与著名影星雷利的一段对答。

鬓发斑白的影坛老将雷利拄着拐杖步履蹒跚地走上台来，很艰难地在台上就座。看到这样一个老人，让人很自然地为他的身体担心。所以主持人开口问道："你还经常去看医生？"

"是的，常去看。"

"为什么？"

"因为病人必须常去看医生，这样医生才能活下去。"

此时台下爆发出热烈的掌声，人们为老人的乐观精神和机智语言喝彩。

主持人接着问："你常去药店买药吗？"

"是的，这是因为药店老板也得活下去。"台下又一阵掌声。

"你常吃药吗？"

"不。我常把药扔掉，因为我也要活下去。"

穆哈米转而问另一个问题："嫂子最近好吗？"

"啊，还是那一个，没换。"台下大笑。

主持人与演员的对答几乎句句带"彩"，在这样热烈活泼的气氛中，观众是不会疲倦的。最难得是，这位老人没有一句抱怨唠叨的话，这种年轻的心态、乐观的精神令人羡慕、赞叹和感动。试想，如果是一个面容憔悴、表情沮丧的雷利出现在台上，向大伙大谈他近期服用的药的名称、效果，周身哪个骨节酸痛，那将会是多么失败的沟通。

拉布曾经这样感慨过："幽默是生活波涛中的救生圈。"幽默的口才具有惠己悦人的神奇功效，在任何场合，拥有幽默口才的人总会赢得他人的好感，获得众多的支持和理解，总会给生活带来更多的温暖与笑声。

幽默使语言"升温"，赢得人心

语言是"伴随着温度"的东西，而幽默沟通术则是使语言"升温"，赢得人心的绝佳方式。我们的说话幽默、生动、言之有物、令人感动时，就会使人感到"兴奋、快乐或悸动"，我们体内的温度也会随之上升；相反，我们的言语索然无味、毫无生趣，甚至令人厌恶，则听者体内的温度也会随之降低，觉得心冷。

无论我们从事什么性质的工作，无论我们处于何种社会地位，都要与人交往，而幽默既能帮助我们与他人进行沟通和交往，还能帮助我们处理一些问题——特别是人际关系问题——并使我们渡过困难的处境，帮助我们在社会交往中与人建立和谐的关系。

一个男人端坐在理发店的摇椅上，对理发师说："你把我的右边留长一些，左边留短一些，脑门上边剪秃了，接着再留一绺长发，让它可以一直伸到我下巴上。""很抱歉，先生。"理发师为难地说，"这我可做不到啊！""做不到？"男人生气地说，"上一次你为什么把我的头发剪成那个模样？"

这位男士够客气、含蓄了，上次理得不满意，今天用幽默算账。理发师如果还算机灵，自然会殷勤周到一些。

日常生活中，女人往往会因自己受到陌生男士的干扰产生烦恼。假如你是一个有修养的女子，面对这种窘境，哪怕是批评，也要采取幽默的方式，既消除了矛盾，又不伤害感情，还给生活增添了一份情趣。

一个小伙子每晚在琳娜对面单元的窗口用望远镜看她，这让她非常生气。一天早晨，她打电话给小伙子。"你好！我是你对面楼里的姑娘，你知不知道，昨天夜里我把长筒袜脱在什么地方了？"

在这种对话中，人们会心照不宣，就是因为语言表述含义的不一样，从字面上来看，你是在指白说黑，从深层意思上说你表达了另外一层深意，这层深意尽管没有明言，不过却已经让对方了然于心了，而其了解的程度比明白说出来还要深，更能表现出你的风趣与诙谐。

幽默作为生活的点缀分布在世界的各个角落，幽默是一种高尚的文明语言，是一种可以不伤害他人，为他人带去欢悦的恩赐。有幽默语言的地方，就有超高人气的追捧。幽默的口才可以帮助你营造更加和谐的生活氛围。

幽默的生活是种优质的圆满

生活就是一个喜欢模仿的孩子，你对它笑它就对你笑，你对它哭它就回报给你无限的悲伤。生活的本质应该是和谐的，只是有些人扭曲了对生活的追求，让生活的平静偶尔偏离了预定的轨道。

同时拥有高效率与和谐生活的人不多，如果有，你可能会发现：他就是一个幽默着沟通、幽默着生存的伙伴。

有一只老鼠被猫追，逃到了洞里。"幸亏我跑得快！"老鼠惊魂甫定，潜伏在洞中不敢再探头，它在洞里等了许久许久，已经听不到猫的叫声了，这时耳畔忽然传来了几声狗叫声，老鼠松了一口气，心想，狗来了，那猫肯定走了。就放心地探出身来，哪知才出洞口就被那猫一张嘴紧紧咬住。

老鼠惊呼："我刚才明明听到的是狗叫，怎么现在又变成了猫呢？"那猫咯咯地笑道："小兄弟，身为一只现代猫，不会两种语言哪能混呀！"

身为现代人，不会两种语言也"甭想混了"。哪两种语言呢？就是"幽默的语言"和"智慧的语言"。它们能帮你赢得效率与成功，猫儿都清楚，你难道还不明白吗？

生活中只要多多运用幽默、智慧的语言，就能让我们的身心减压、人际顺畅，人生到处充满了喜悦与新鲜。

幽默是可以培养的，快乐是可以传染的，和谐是在互动中产生的。当你每天笑得很开心的时候，身旁的人也会笑得发光发亮，营造出一派祥和、温馨的气氛；如果你整天紧绷着脸，身旁的人就会统统成为"统一面"了——统一成一个个苦兮兮的面孔。

记住，快乐的性灵千万不要被压抑了，我们要用智慧的心找到情绪的出口处，用幽默与笑来缓解压力，用幽默与笑来运动五脏六腑，这样就会成为一个健康又快乐的人，同时，又用这种阳光般的气息烘暖他人，来创造一个其乐融融的世界。其乐融融的生活即使没有特别丰厚的物质财富，也是令人艳羡的优质生活。

幽默群落优质生活的获得离不开、乐观的心态以及出色的沟通水平。一个好的沟通者，生活必定较为圆满，且冲突频率较低，或是易于化解，因此，其工作的情绪也较为平和，有助于在工作中与他人达成良好的沟通，而工作上沟通互动的成就，也对私人生活有很大帮助。

假想一下：如果是和擅长沟通、幽默可爱的伙伴工作或生活，会是什么样的情形：

——如果他们是工作伙伴，工作环境中必然流动着春天般的气息；

——如果他们是好友，其亲密无间的友谊必然惹人羡慕不已；

——如果他们是长辈与晚辈，融融的天伦之乐会教会许多人如何跨越代沟；

——如果他们是夫妻，相互间的爱惜与尊重、情趣与和谐会让人们怀疑围城定律的真假。……

他们是幽默群落，他们有着目前人间最优质的生活。

生活需用幽默感重新体验

生活，虽然只有简短的两个字，但却蕴含了极为深刻的道理。有的人说，生活就是一个麻烦接着另一个麻烦，人们活着就是为了解决接踵而至的烦恼；有的人说，生活就是一个万花筒，你不停地转，会看到各种不同的缤纷多彩的花花世界。无论是哪一种说法，都有其道理，但无论是为解决麻烦，还是为享受世界的缤纷，对待生活都应该有一个共同点，就是生活要有趣味。没有任何生机与趣味的生活就仿佛将自己置于看不到光明的黑暗中一样，只会感到无助而痛苦。

生活需要趣味，需要幽默的姿态，就应该学会一分为二地看待生活，对待一件事情，你从这个角度看，它是件坏事，换个角度看，就可能成了好事。说话的时候，我们从一定角度，把"坏"事幽默说成好事，听者必定会感到高兴，说不定还会改变一些人旧有的思维呢。

清朝时候，有一个官员家里过年贴福字，因为要贴的地方很多，就叫上所有府里的人一块儿干，官员在旁边边看边将着胡子点头微笑。突然，官员脸上的笑容没有了，气得直喘粗气——他看到一个老妈子把大红的"福"字倒着贴到了墙上。原来这位老妈子不识字，她把反字当成正字了。

官员喝令老妈子过来，把她臭骂了一顿，府里上上下下也都聚集过来了。新年就出这样不吉利的事情，官员决定要处罚老妈子。这时管家灵机一动，赶快上来作揖道："恭喜老爷，贺喜老爷！这福字贴反了，正好是'福到'啊，这就是大吉大利啊。"

官员听了哈哈大笑，下令今后的福字全都倒着贴。这样一传十十传百，成了倒贴福字的习俗。

原本很尴尬的大洋相，经管家这么一说，反而成了大吉大利，改变了人们多少年来正贴福字的习俗。有时候，打破思维，对一件本来不好的事情进行趣味解说，反而会引起人们的好感，甚至还会引领一种潮流。用全新的角度解释生活，用乐观的态度诠释人生，你的命运或许就在此刻转机。

让幽默变成一种生活习惯

布袋和尚说："行也布袋，坐也布袋，放下布袋，何等自在。"懂得放下心中的包袱，人生才会轻松和自在。另外，还要多让"幽默"这种智慧的人生语言，成为我们日常生活中的一种习惯，习惯的形成有助于推动一个人思维深度与高度的双向发展，有利于促使一个人快乐地生活。

人的一生中，快乐都来不及，哪有时间烦忧？不要因为经济不景气，整天就对着别人"喷黑烟"。从现在起，不再唉声叹气，每天用积极的态度，认真做一个幽默沟通高手，只要笑口常开，好运一定来！你将享受到的种种好处，恐怕都不曾预料到！

幽默是一种绝妙的沟通力，它可以使你的笑容和思考能力不断增加。

人是社会的人，处在错综复杂的社会关系网络中，具有很强的社会属性。人的生活中不仅有衣、食、住、行的物质需求，更有爱、慰、尊、乐的精神需求。没有交流和沟通的人生是苦闷的，没有爱情和友谊的人生是荒凉的，没有信任和尊敬的人生是可悲的。

善于幽默沟通的人，能够恰当地把自己的想法说给别人，有利于排解心中的迷惑和苦闷；在谈情说爱方面也得心应手，容易找到属于自己的爱情；在化解夫妻矛盾、促进家庭和睦方面游刃有余，容易得到家庭生活的幸福；在各种各样的社交场合，能够落落大方、侃侃而谈，容易得到人们的信任和尊敬，可以在更大的范围内结交更多的朋友。所以，善于利用幽默进行沟通会使你的生活充满欢乐。

国外有专家研究指出，一个人经常生气、烦恼、忧郁，会让体内的血液转成酸性，进而容易导致疾病的侵入，而开心多笑则让体内的血液呈现正常的碱性，可以防止疾病的入侵。这么说来，笑还是最佳的"人生维生素"呢！

百善"笑"为先，有什么比笑、开心、快乐对我们的身心更有帮助的呢？而且，笑还是幽默沟通的最佳手段。

有一次，春娇（妻子）煮了志明（丈夫）最爱吃的猪肝汤，志明下班回家后一看，顿觉食欲大增，就兴冲冲地吃了起来。哪知一咬下去才发觉猪肝煮得硬邦邦的，实在咬不下去，心想，提建议也要有艺术。于是笑着对春娇说："宝贝啊，你煮的这碗猪肝汤是蛮好喝的，不过，这只猪好像有点肝硬化哟！"

幽默风趣，祥和情绪，平安又如意。日常生活里，切记要多多善用幽默这颗快乐笑料随时愉悦别人，也愉悦自己。虽然会在自己脸上多了几条纹路，但那也是开心的笑纹，会让别人羡慕的。

另外，由于沟通是一个非常复杂的思维活动过程，而圆融幽默的境界更高一筹，常常练习，必然会大大促进你对事情的思考分析能力。

良好的沟通需要非凡的智力做后盾，需要观察、记忆，还要预测、分析，然后才能敏捷地应变。如果最终真的建立起了幽默心态、幽默沟通的习惯，你会发现自己比以前头脑更好用，更聪明。

生活幽默需要知识的滋养

生活中一些简单的逗笑，日常朋友间说的俏皮话，这都不是真正的幽默。幽默是渊博的知识与现实环境互相碰撞而产生的火花，是在没有计划的情况下的妙语连珠。没有强大的内心知识储备就不会有真正的幽默，幽默不会空穴来风，丰富的知识是幽默的根基。

通过学习知识，我们可以提高自己的修养，知识还是一种必要的肥料，有了它，就可以培育出"幽默之花"。"知识就是力量"，在知识的滋养下，幽默之花才会绽放得更加绚丽，生活中的幽默才不会"金玉其外，败絮其中"，幽默才能更有创意，更具趣味。

幽默常让你开怀一笑，但是这并非幽默的主要功能。幽默不但让你赏心悦目，更会让你受到启发，透彻心扉，甚至会有醍醐灌顶的感受。把幽默和笑话区分开来，让人在笑的同时开启人的心智。

有这样一个例子，是一位讲述别国文化的教授在讲座上说的：

有三个人，分别是英国人、法国人和俄罗斯人，他们在欣赏同样的一幅画，画的是亚当和夏娃在伊甸园中嬉戏的情景。

英国人谨慎地说："看看他们多含蓄，多平静，他们一定是英国人。"

"怎么可能？"法国人不赞同，"他们那么美丽，又那么浪漫，毫无疑问是法国人。"

"你们说的都不对。"俄罗斯人指出，"如果没有衣服穿，没有地方住，吃的只有一个苹果，还被说成是在天堂，只有俄罗斯人才会如此。"

这个幽默故事的妙处在于，依靠自己广博的学识，从讲座的主题出发，利用简单而又形象的比较向听众展示了三个国家人的性格特征、思维方式和生活现状，丝毫没有枯燥文学的影子。特别是讲到俄罗斯人时，从一个侧面讲出了俄罗斯人曾经的处境，寓意了俄罗斯人曾受到沙皇专制和奴隶制度统治的历史事实：生活贫困，利用宗教信仰来桎梏人民的思想，麻痹人民的灵魂，使人们失去了反抗的意识，真是一针见血。

可见，真正的幽默是一门学问。对于知识渊博的人来说，幽默让生活妙趣横生；相反，对于知识浅薄、孤陋寡闻的人来说，幽默不会成为他们灵感的源泉。

还有这样一个真实的故事，在嘉庆年间，嘉庆皇帝问刘墉："为什么国库年年进银子，可还是不够用呢？"刘墉答道："银子都进了河里去了。"

皇帝很是诧异，追问道："既然银子掉进了河里，那为何不打捞？"这时，刘墉才微微一笑："河深哪。"原来如此，一语"河深"使皇帝顿悟了，原来银子都进了和珅的腰包了。

在我们5000多年的历史长河中，众多文人墨客用自己的才华创造出了丰富多彩的文字游戏，给我们留下了流传千古的文字幽默，细细品味，各个妙语惊人。作为一个炎黄子孙的后代，我们应该懂得利用自己民族文化的特色，发现并传承我们中国人独有的幽默特质。古代的文人雅士在这方面是很好的典范，充分体现了东方人的智慧。

生活中那些出口成章的幽默达人总是很受欢迎，想要做到这点，不仅需要知识的深度，还需要知识的广度。我们不可能都成为上知天文下知地理的诸葛孔明，但无论什么都了解一点，是非常有好处的。

幽默在先，友好随后

谈判是我们在工作和生活中必不可少的一种洽谈，谈判是一项高技能的幽默说话艺术，对每一个时机的把握，对每一个用词的力度都会是一次谈判决胜的关键。懂得运用幽默作为谈判基础的人，往往更能轻易取得谈判的成功。

在一家药店里，一位顾客气愤地对经理说："一星期前，我在这里买的润肤膏，我用了一点作用也没起，我要求退款。"

"为什么？"

"你说，它可以与脱发做斗争的，可是不顶用。"

"您再试试看。我是说过，这种润肤膏可用来与脱发做斗争，但并未说，它一定最终能取得胜利，但是我可以保证的是我们的产品都是真品。"

顾客不禁被经理的这句幽默的话逗得咯咯笑了起来，随后，经理同意为该顾客免费提供一瓶润肤膏，顾客心满意足地走了。

经理面对顾客的抱怨，并没有因此而气急败坏，他没有否认自己曾经对顾客许下的承诺，反而对自己的承诺进行了幽默的补充说明。幽默让顾客在笑声中忘记了抱怨，让顾客高高兴兴地接受了经理的最终处理方式。

在谈判中，语言的幽默可以让自己在谈判中轻易取胜，但是语言的丝毫不严谨之处都有可能造成失败，而抓住对方的关键字眼则可以大做文章。因此，对待大局的沉着冷静和关键时刻的幽默谈判技巧都会助你一臂之力。

谈判时，谈判双方都想争取最大利益，这也正是谈判产生的主要原因。但是如何为自己争取最大的利益呢？首先就应该创造出一种友好的气氛。试想一下，谈判双方在心情好的情况下和在情绪很糟糕的情况下，哪一种形式更利于谈判的进行呢？答案可想而知。幽默是谈判气氛的烘托，更是维护良好气氛的调节剂。

但是在友好谈判中，幽默却要有立场，而许多人却因为自己的立场不坚定，时机把握的不及时，对问题考虑的不周全等状况，而使谈判陷入僵局。

下 篇

幽默的提升

——掌握技巧，成为幽默大师

第1章
幽默形式——多元幽默开胃大杂烩

传统幽默与现代幽默

从本质上来说，传统幽默是在美丑对照中，美具有压倒丑的优势，听过之后，让人能够感到轻松、欢快，并且对其深刻的内涵发出会心的微笑。

传统幽默来自民间，是劳动人民智慧的结晶。无论是古代的田间地头还是现今的街头巷陌，也无论是阳春白雪还是下里巴人，无论在哪里，都能听见让人开怀大笑的幽默和风趣。

集我国传统幽默之大成者，当属清代的笑话集《笑林广记》。该书对芸芸众生里常见的贪淫、鄙吝、虚伪、昏昧、失言、惧内等现象嘲讽得入木三分，颇能反映世情，值得玩味。如这则《比职》：

甲乙两人同年中举。甲选馆职，乙授县令。甲一日乃骄语之曰："吾位列清华，身依宸禁，与年兄做有司者，资格悬殊。他不具论，即选拜客用大字帖儿，身份体面，何啻天渊。"乙曰："你帖上能用几字，岂如我告示中的字，不更大许多？晓谕通衢，百姓无不禀遵恪守，年兄却无用处。"甲曰："然则金瓜黄盖，显赫炫耀，兄可有否？"乙曰："弟牌棍清道，列满街衢，何止多兄数倍？"甲曰："太史图章，名标上苑，年兄能无羡慕乎？"乙曰："弟有朝廷印信，生杀之权，惟吾操纵，视年兄身居冷曹，图章私刻，谁来怕你？"甲不觉词遁，乃曰："总之，翰林声价值千金。"乙笑曰："吾坐堂时，百姓口称青天爷爷，岂仅千金而已耶？"

　　不足 300 字的篇幅，便将封建官场中的骄奢淫逸表现得淋漓尽致，更让人在笑过之后产生深思与回味。

　　与传统幽默相对应的则是现代幽默。在现代人眼中，幽默是一种人类的共性，是面对困难而演绎出来的文明和文化。人与人之间的距离在真诚和大方面前缩短，人与人之间的沟壑在心灵的善良面前被填平。从这种意义上来说，现代幽默已经不再具备传统幽默那种针砭时弊的讽刺效果，而是成为人际交往过程中的一种润滑剂。在英美国家，一个男人宁愿承认自己触犯了各种各样的罪名，宁愿承认自己的头上戴的是假发，嘴里装的是假牙，也不愿承认自己缺乏幽默感。原因很简单，没幽默感的人无法在人际交往中得到理想的收获。

　　森林里，狮子和 9 条狼商量合作捕猎。一天过去之后，共有10 头羚羊成了它们的猎物。狮子说："你们看怎么分配这顿美餐最为公平？"

"每人一只是最公平不过的了。"一条狼不假思索地说出了它的看法。

狮子顿时发起怒来，一巴掌将它拍倒在地，然后环视了一下其余的8条狼，问："谁还有更好的分配方案？"

狮子的淫威把其他的狼都吓坏了，半天不敢吭声。最后，有一条狼壮着胆子对狮子说："对不起，我那个兄弟说错了。如果您拿走9头羚羊，那您和羚羊加起来就是10只，而我们加上一头羚羊也是10只，这样我们双方就都是10只了。"

狮子对这个分配方案十分满意，说道："你是怎么想出这个分配妙法的？"

狼回答说："当您把我的兄弟打倒时，我变得聪明一点了。"

这就是一个典型的西方现代幽默。如果我们把这则幽默里的动物换成人类，那么这就是很出色的一个社交幽默的例子。在这里，我们看不到美压倒丑的讽刺，但却看到了人际关系中的复杂与机智。这也是现代幽默的一个显著特点。

西方人对幽默的重视人尽皆知，而一向以内敛为传统的中国人，在现代幽默上也当仁不让，林语堂、钱钟书等，都是现代幽默的大家。他们这些人，在社交上、在社会地位上的成就，与其幽默的程度息息相关。

在幽默口才的运用中，传统幽默能够给人以深思、回味，现代幽默则能让人在社交中游刃有余。将这两种幽默形式有机地结合起来，行走在人际江湖中，也就没有什么可以成为障碍的了。

健康幽默与不健康幽默

健康幽默和不健康幽默针对幽默的思想内容而区分。一般来说，只要是幽默的内容积极向上，思想健康就可以称之为健康幽默；相反，那些比较下流的、"三俗"的幽默则就可以统归于不健康幽默中去。

在生活、学习、工作、社交等正式、公开场合，我们所运用到的基本上都是健康幽默，因为在这些环境中，只有健康幽默才能产生活跃气氛、避免尴尬的作用。若是不健康的幽默脱口而出，那么只会贻笑大方。这里重点介绍一下不健康幽默的形式。

倒也不是说不健康的幽默就没有任何能起到活跃气氛的作用。在私下、非正式场合中，不健康的幽默有时候反而能起到健康幽默所达不到的效果。

非健康幽默主要有下面两种形式。

1. 成人幽默

现代的成人幽默，带有双关语，换个角度去看，味道大不一样。当然，有一些不包含在成人幽默范畴里的段子，把握好尺度，也是一种不错的幽默口才。

一般来说，成人幽默难登大雅之堂。但也并非是一无是处。在某些特定的环境和特殊的场合中，成人幽默所起到的效果反而会更加有趣味性。比如夫妻之间，适当地运用此类幽默，对增进夫妻感情颇有益处；另外，在同性好友（更多为男性）的酒桌上，适度的成人幽默也会使酒桌气氛更加活跃，进而增进朋友之间的感情。

2. 病态幽默

病态幽默与健康幽默的区别在于，它不像健康幽默那样把欢笑与快乐带给他人，而是将生活中痛苦、丑陋的一面展现在世人面前，多是以暴死、严重事故、悲剧情节为依据，把幽默主角对生活的绝望心境昭示天下。例如，美国影片《美国美人》之中，就充满了这种病态幽默，人们在笑过之后，难免会感到一丝凄凉。

禅式幽默与孩式幽默

禅式幽默的重点在于一个"悟"字。这是一种充满了智慧的幽默，需要听者仔细回味才能领悟到笑点的所在。因此，这就要求运用禅式幽默的人具有出色的智慧，而听者也需有超强的领悟能力，否则就是对牛弹琴。

西班牙的斗牛运动非常出名，而一个优秀的斗牛士不仅可以名利双收，更能成为世人的偶像。因此，每一名斗牛士都会把斗牛场上所产生的荣耀看得格外重要。

不过斗牛运动也不是总以人的胜利而告终。有一名斗牛士在表演的过程中不幸败于凶猛的公牛，被牛角挑伤的他强忍着疼痛，当着全场观众的面发誓道，一定要给牛一个好看，一定要有一个畅快淋漓的报复。说完，便离开了斗牛场。

现场观众十分好奇，纷纷尾随他而去，都想要知道他是如何对牛展开报复的。但见这位怒气冲天的斗牛士拖着受伤的身子走进一个餐厅坐了下来，点了一道牛排，并狠狠地对餐厅侍者说："我要烤得最焦的那种！"

这则幽默峰回路转，初读之下有种不知所云的云山雾罩，但经过思考之后，"笑果"便跃然纸上：一个胆怯的斗牛士只能用一种阿Q精神去实施他的报复。

一般来说，禅式幽默口才适于应用在高层次的人群聚会中。因为只有富有一定学识、一定阅历的人，方能在最短的时间内领悟到禅式幽默所具备的那种味道。试想，若是施展幽默口才的人说过一个幽默之后无人回应，那么将是何其尴尬的一种局面？

禅式幽默的适用范围有限，但另一种幽默口才的适用范围相对来说就广泛得多，这就是孩式幽默。

孩式幽默具备纯真、真诚、出奇、创新、不隐瞒、不掩饰、不做作等特点，对事物的解释富有独特的创意。而这些，都是出于小孩子的本能，所以被称为孩式幽默。脑筋急转弯就是这种幽默的典型代表。

问："在一条河上有一座独木桥。小明刚走到桥的中间，突然看见前面有一只老虎拦住了去路。他刚想往回走，发现后面又有一条狼。请问，小明是怎样过去的呢？"

答案很丰富："带上伪装过去的""从桥下面溜过去的""游过去的"，等等，结果都不是正确答案。正确的答案是："昏过去的"。

如果这个问题由成年人来回答，那么他们的思想一般都局限在"过桥"方面，总是去考虑小明是如何过桥的。但孩子的思想没那么复杂，他们只会考虑到一个"过"字，在汉语言中，这个过字的含义很丰富，孩子也只会选择最简单的那种。于是，正确答案便新鲜出炉了。

孩式幽默体现了一种纯真。在讲给孩子听的时候，能够帮助他们放开思维，纵情于想象的天空；讲给成年人听，也会让人重新回味那个无忧无虑的年龄，激发出埋藏在心底深处的那份纯真，给人以轻松、愉悦的心情。

红色幽默和暖色幽默

在我国，红色幽默最先出现在手机短信段子上，是通过互联网，在电脑、手机等现代媒介、网络平台上进行传播的一种内容积极健康向上的信息。在"成人笑话""黑色笑话"满天飞的形势下，出现这样一种正面、积极的语言及思想，以健康向上的思想为内容，可达到提高思想水平、宣扬社会美德、激发生活激情、启迪美好人生、催人奋进的效果。

袜子决定离开相恋多年的裤子，转投鞋子的怀抱。裤子哭着问："鞋有什么好？"袜子答道："你整天晃来晃去，吊儿郎当的，哪有鞋那般脚踏实地，和鞋（和谐）才好。"

做人要脚踏实地，社会发展更需要脚踏实地。简单风趣的话道出了和谐社会的真谛。用幽默的形式来讲出这个意义，更使人过耳难忘，印象深刻。

因此，无论从红色幽默正面引导舆论、传递积极信号的出发点，还是从其本身积极性、健康性的内容，或其所具有的交流情感、传递信息等作用，我们都应该肯定这种幽默形式。

有的红色幽默言简意赅、发人深省，有的以诙谐幽默的语言引人发笑取胜，更有的深情款款，反思之下，令人寻味，让人不禁击节叫好。

在幽默口才的运用中，红色幽默特别适用于公开正式的场合。试想，如果发言人用红色幽默的方式将所要阐述的思想表达出来，那么带来的将是深入人心的效果，这远比干巴巴地照本宣科效果好得多。

在色系里，红色属于暖色调，有红色幽默，相应的也就有了暖色幽默。

如果做一个比喻，灰色幽默、黑色幽默是一方方方正正、棱角分明的金属块，那么暖色幽默就是一枚被削去了棱角的鹅卵石。那种恶搞式的幽默，虽然当时能让人开怀大笑，但笑过之后让人无从回味，转身就忘。而暖色幽默则是一种无声的微笑，给人留下的印象却是极为深刻的。

其他形式的幽默

除了以上介绍的几种幽默口才的形式外，生活中、社交时，还存在很多其他的幽默类型。比如说以下几种：

1. 麻辣幽默

麻辣幽默之名源自四川，即四川食物特有的那种麻辣口味，为一种带有强烈讽刺意味的幽默，让人产生一种吃过麻辣火锅后的痛快淋漓之感。

2. 地方特色的幽默

地方特色的幽默是指带有浓郁地域色彩式的幽默。最有名的当属东北式幽默和海派清口式幽默。其特点是此类幽默源于富有当地特色的生活，纯真、朴实，让熟悉当地生活的人无论在哪里听到，都能产生浓郁的归属感。

3. 方言形式的幽默

方言形式的幽默指的是用地方语言与普通话之间的差异制造笑话的幽默。我国地域宽广，各地方的语言发音各有不同，当两种差异很大的方言相遇的时候，很容易产生误会，这种误会便形成了幽默的源头。这种幽默在内心敏感的人的心中会觉得是地域歧视，效果往往会适得其反，即使是善意的玩笑。所以在运用此类幽默口才的时候，要以不过度、不过分为基础。

第2章
幽默技巧——三分靠天生，七分靠培养

基础准备——知识是幽默前提

曾任哈佛大学校长30年之久的叶洛特博士，说过这么一句话："我仅承认一件事，受过教育的男女们，在知识上所应得的收获，就是能够正确地、优美地使用本民族语言。"而能够运用好本民族的语言，正是拥有幽默口才的前提条件。因此，我们在培养自己的幽默感时，需要先增进自己的知识。

要增进自己的知识，读书就是真正的秘诀所在，多阅读书籍，不断地充实你讲话所用的词句。英国的约翰·伯莱特说，他觉得每逢走进图书馆，就愤恨人生太短促了，使他不能够将心爱而珍贵的书去遍览一次。

对讲话者来说，知识是多方面的。不同的人，有不同的知识要求；不同的人，对知识的把握程度也不尽相同。但作为讲话者，应当掌握的最基本的知识有以下几方面：

1. 处世知识

处世就是指处理人情世故、社会活动、与人交往。每个人与社会都有千丝万缕的联系，作为人类社会的一分子，没有基本的为人处世之道，是无法在社会立足的。要想使自己的言语达到彼此交流沟通的目的，要想让自己的幽默口才发挥得恰如其分，就必须掌握交际应酬的起码知识，这样，才能说出与当时的情境适宜的言辞。如果不懂得这些知识，在当众讲话过程中，就会因某一细微疏忽讲错话而造成不良后果，导致讲话失败，甚至闹出笑话。

2. 世事知识

世事知识指的是社会生活中方方面面的常识、经验，教训、风土、人情、习俗、掌故等。这种知识是一种客观存在，一般无须潜心去学，只要不脱离社会生活，在实践中都能逐步体会、感悟得到。人们要想丰富自己的语言修养，锻炼出恰如其分的幽默口才，实现当众讲话的沟通目的，必须具备这类知识。曹雪芹就认为："世事洞明皆学问，人情练达即文章。"一个不谙世事的人，所发言辞要么造成笑话，要么酿成苦酒。

3. 文化知识

文化是指大文化，是人类在社会历史发展过程中所制造的物质财富和精神财富的总和。诸如天文、地理、历史、文学、艺术、哲学、经济、法律等。这些知识往往以成语、典故、佳作、名言、警句为载体，最能陶冶情操、提高修养、开阔视野，从而使表达者的幽默言辞更具感染力、说服力、吸引力。这种知识不能从实践中获得，需要孜孜不倦地学习。在人生路上，不断积累、学习，施展幽默口才之时便会充满活力，如滔滔江水连绵不断。

4. 专业知识

所谓"术业有专攻"，人一生精力有限，不能做一个博学家，就要精于本职工作，熟练掌握专业知识。

专业知识的获得，一是靠学习，二是靠实践。当今社会是信息社会，知识更新迅疾，一个好的专业人员不关注本领域最新进展，就无法发现自身的知识盲点，既不利于工作的开展，又不利于说话水平的提高。

除了从这4个大方向上把握知识面的拓展以外，我们还应该使自己具备多方面的常识。这里有一个小笑话：

某君以口齿伶俐而见长，有人向他求教有什么诀窍，他说："很简单，看他是什么人，就跟他说什么话。例如同屠夫就谈猪肉，对厨师就谈菜肴。"

那位求教的人又问："如果屠夫和厨师都在座，你谈些什么呢？"他说："我就谈红烧肉。"

由上面的故事中可以看出，要应付社会上形形色色的人，就是要具备多方面的知识。如果能做到这一点，那么运用幽默口才应付各种人物自然就得心应手了。虽然不一定要样样精通，但如何运用全在自己。知识是所有事业的根本，你要使谈吐能适应任何人的兴趣，更要多读一些书刊，把天地间的知识储存在你脑海中，一旦到应用的时候，就可以有选择地打开话匣子，与人对答如流了。

克服紧张——幽默需要淡定

真正懂得幽默的人是一个可以轻松驾驭紧张情绪的人。紧张会让一个人的淡定与智慧在瞬间就荡然无存。幽默说话的本事需要雄厚的前提积淀，需要用心地学习、认真地练习，有了足够强的内存，才会坦然应对多种场合中的各种事情。

然而，懂得幽默说话的人不仅能够克服自己的紧张，还能控制场面的紧张情势。

卡普尔任美国电报电话公司负责人，在一次董事会上，众位董事对他的领导方式提出质疑，会议充满了紧张的气氛。人们似乎都已无法控制自己的情绪了。

一位女董事发难："公司去年的福利你支出了多少？"

"900 万。"

"噢，你疯了，我真受不了，我要发昏了。"

听到如此尖刻的发难，卡普尔只轻松地回了一句："我看那样倒好。"

就在他说出"我看那样倒好"之后，会场爆发了一阵笑声，就连那位发难的女董事也情不自禁地笑了起来，使得随后的会议进程在一种比较平和的氛围中开展。

卡普尔就是一个从容面对紧张的人。其实，我们每个人都难免遇到自己非常重视的场合，这个时候或许会出现紧张的状况，那么为了保持好自己的风度与气质，这里介绍以下几种方法帮我们克服紧张与恐惧：

面对紧张，不退缩，反而会让自己兴奋起来，利用对这种情绪的把握，可以使自己达到最完美状态。

建立自信——幽默演讲的技巧

在前面的内容中已谈到，恐惧是许多人不能较好地进行幽默演讲的主要心理障碍，那么，如何搬掉这块"绊脚石"，充满自信地走上讲台，使我们精彩的演讲充分显示出来呢？这就是建立自信的技巧问题，我们不妨试用以下方法：

1. 要点记忆法

初学演讲者往往把能够背诵演讲稿认作是充分的准备。熟读记忆，对于初学演讲者来说可能是一种必要的准备手段，但如果只是机械记忆，那么不仅会耗费演讲者大量时间，而且容易形成演讲者的心理疏忽。实际演讲时，如果因怯场、听众情绪波动、设备故障等突发事故打断演讲者的思路，机械记忆的链条就会被截断。于是演讲者便会处于记忆的空白状态，或者思维短路，导致演讲无法继续下去。此外，单纯的背诵，还极易形成机械的"背书"节奏，并且不能灵活运用恰当的手势语，不能根据观众情绪适时调整自己的节奏、情绪，使演讲呆板、乏味，而丧失了演讲应该具有的战斗性和幽默味。

在演讲中，以采用提纲要点记忆法为宜。首先，将有关演讲的主题、论点、事例和数据整理成翻阅方便的卡片，然后针对演讲稿进行比较和适当的补充，整理出一份简略的提纲，并在提纲里注明各段的小标题，最后在各段的小标题下按序补充重要的概念、定义、人名、地名、数据和关键性词语。

至此，一份演讲提纲即算基本完成了。在整理和编排的过程中，演讲者应反复思考和熟悉自己的演讲内容，而演讲时仅仅需要将该演讲提纲作为提示记忆的依据即可。

2. 情绪调节法

适度的深呼吸有助于调节紧张、烦闷、焦躁等情绪。当演讲者在临场时出现怯场反应，可以运用深呼吸法进行调节。即：使全身放松，双眼望着远方，做绵长的腹式深呼吸，同时，随呼吸节奏心中默数 1、2、3……

3. 目光回避法

刚学演讲的人往往害怕与听众进行眼神交流。因为一看到听众的眼神于自己不利，就会心慌意乱，而无法继续演讲下去。于是出现了侧身、仰望、低头等影响演讲效果的不正确姿势。因为，演讲要求演讲者正视听众，这既是出于一种礼貌，又是演讲者与听众全方位交流的需要。拉近演讲者与听众的距离，是演讲成功的必备条件。刚学演讲的人不妨采用虚视方式处理自己的目光，将视线移至演讲场后排上方，以回避听众的目光，让目光在会场上方缓缓流动。这种方式既能避免演讲者与听众目光对视所产生的局促和窘迫，又能给听众留下演讲者稳重大方的印象，使演讲获得成功。

博学多才——胸中有墨不卡壳

如果我们能和任何人谈上 10 分钟并使对方产生兴趣，那便是很好的交际人物了。因为人的交往范围很广，也许对方是个工程师，也许是个法学家，或者是个教师，或者是个艺术家，要么是个采矿工人。

总之，无论三教九流，各种阶层的人物，若能和他谈上 10 分钟使他感兴趣、让他发笑的话，真是不容易。不过不论难易，我们都要设法打通难关，常见许多人因为对于对方的事业毫无认识而相对默然，这是很痛苦的。其实如果肯下功夫，这种不幸情形就可减少，甚至于做个不错的交际家也并非难事。工欲善其事，必先利其器，虽是一句老话，但直到现在仍然适用，所以要充实自己的知识。

一个胸无点墨的人，当然不能希望他在说话中应对如流、妙趣横生。学问是一个利器，有了这利器，一切皆可迎刃而解。我们虽不可对各种专门学问皆做精湛的研究，但是所谓的常识却是必须具有的。有一般的常识，倘若能巧妙地运用起来，那么应付任何人作 10 分钟的兴趣谈话，应该是不难的。我们须多读书多看报，世界的动向，国内的建设情形，科学界的新发明和新发现，世界各地的地方特点或人物的特性以及艺术新作，时髦服饰，电影戏剧作品的内容等，皆可从每日的报章和每月的杂志中看到。诚能如是，则应付于各种人物，自然轻松愉快。

科学家爱因斯坦乘车到某大学去讲授相对论。他的司机对他说："博士，我听您讲过相对论已经有 30 多次了，您说的那些话，我都能背下来了……"

爱因斯坦笑着说："那太好了！今天，我戴上你的帽子充作司机，由你自称是爱因斯坦去讲课吧，反正这个学校的人都不认识我，我正好休息休息。"

于是，司机出色地讲了课。正当他要离开时，一位教授请他解答一个复杂的问题，司机想了一下说："这个问题太简单了，连我的司机都会解答，您不妨向他请教吧……"

这个故事不一定确有其事。然而，单纯分析这位司机的表现对我们认识口才与学识的关系很有启发。这位司机的"口才"幽默大概是不错的，所以，他能模仿爱因斯坦的言辞、语气，"出色地"代替爱因斯坦讲课。但是，这位司机并不具有爱因斯坦的学识。所以，当那教授向他请教一个新的问题时，他"卡壳"了。可见，口才是要以学识为基础的。

鲁迅先生在给一位青年的信中说过这样一段名言："先前的文学青年，往往厌恶数学、理化、史地、生物学，以为这些都无足轻重，后来连常识也不懂，研究文学不明白，自己做起文章来也糊涂，所以我希望你们不要放开科学，一味钻在文学里。"有志于提高自己幽默口才的人，读了这段话后应有启示吧。

练在当下——不放过任何机会

幽默口才不是与生俱来的，也不会从天而降，就像庄稼需要施肥、道路需要整修，口才也需要培养。有人曾对丘吉尔的口才进行各种分析，他的儿子却一语中的："我的父亲把自己一生中最宝贵的年华都用在写演讲稿和背诵演讲稿上了。"

世界上没有天生的演说家。毫无疑问，丘吉尔被誉为"世纪的演说家"是当之无愧的，但人们可能忘了，他是完全靠自学成才的演说家，他原先讲话结巴，口齿不清，根本就不是当演说家的材料。他本人身高约 1.65 米，没有堂堂的仪表和风度，那难听的叫喊声又不像道格拉斯·麦克阿瑟或是马丁·路德·金那样洪亮。丘吉尔没有受过大学教育，他曾经在下院最初的一次演讲中，讲了一半便垮下来了……然而，就是这个丘吉尔，却成了举世皆知的雄辩的演说家。

先天不足后天补，完全是做得到的。丘吉尔的成功，除了刻苦、勤奋、坚持不懈的努力，别无他法。发明大王爱迪生说过，天才是百分之一的灵感和百分之九十九的汗水的结晶。先天的天赋固然重要，但后天刻苦的锻炼更为关键。在实践中磨炼幽默口才，以坚强的意志作为通向成功的基石，用汗水浇灌成功的花朵，勤奋的苦练加上技巧，一定会成功。

有的人想练习幽默口才，但苦于找不到机会，其实路就在脚下。练习幽默口才的机会处处都有，不仅很多，而且方便省事。我们每天都要见人，都要说话，所以到处都是练习的机会。我们千万不要以为日常说话不需要什么幽默口才。其实，练习幽默口才的人应该把每一次对话都加入幽默的味道，幽默口才好的人一开口就能说上一句让人忍俊不禁的话。这恰如练习书法的人一样，必须首先练好每一个字。一个书法好的人，一动笔就能把一个字写好。所以，我们绝不能轻视那些日常生活对话。就是这些极简单抽象的日常对话，幽默口才好的人和不好的人，说起来都是截然不同的，即使是"哼"一声也迥然有异。

1. 家庭是练习幽默口才的第一个场所

在家的时候，你能够用幽默的语言给自己的孩子讲清楚一个让他听得进去的寓言故事吗？如果不能，就得去找一本儿童文学看看，再来训练，并夹些有用的趣味知识讲给孩子听，使其觉得有趣而想听。这样便会渐渐了解孩子的语言，懂得如何与他们交谈了。另外，家庭不免会有些经济收支问题、子女教育问题、卫生保健问题、饮食起居问题，能平时就这些问题用幽默而不伤和气的方式与配偶好好谈一谈吗？如果能时常提出一些有益的意见或帮助他（她）解决一些或大或小的困难，那说明幽默口才练习有了明显进步。社会是由男性和女性组成的，男女间的相互交往、夫妻间的良好相处，都是练习幽默口才的极好途径，且方便训练说话胆量。

2. 广结良友

与朋友频繁往来，是练习幽默口才的又一途径。无疑，我们每个人都多少会有一些朋友，这些朋友可能来自不同的地方，处于不同的年龄，属于不同的阶层，从事不同的工作，因而与他们相处时会遇到各种不同的问题。比如：小张近日要结婚；老李的儿子考取了大学；阿王的小商店近几个月没什么起色；赵某最近被查出有经济问题；某某家中昨晚被盗……每个人都有各自的快乐和苦恼、失败与成功。我们为了练习好自己的幽默口才，训练自己的说话胆量，最好去了解他们的各种情况，好好找他们谈谈，尽量想出如何帮助、开导、启发他们的谈话内容来。这样，无形之中，我们拥有的朋友，了解的谈话内容，都会渐渐地增多起来，说话的胆量也会渐渐大起来。

3. 多让自己开口

想让自己能够流利地表达意见，最好的方法就是让自己习惯多开口。做任何事情都需要练习才会进步，说话也是如此。通常我们无法自在地与陌生人交谈，假如能鼓起勇气和超市店员或不太熟识的邻居说声"你好"，就会发觉自己越来越习惯面对陌生人发言了。所以在任何场合，都要积极把握和别人交谈的机会，试着与他人闲聊、寒暄，从中学习说话技巧，建立自信。

有时陌生的场合反而是练习的最好机会。每个人都免不了要参加一些社交活动，如果我们参加的社交活动是陌生者的聚会，又要我们尽量去寻找与人说话，那可以说是训练说话胆量的很好机会。在这种陌生者聚会的场合，我们想与人说话的机会和方法是很多的。

4. 把握主持会议的机会练习

主持会议或在会议上发言也是练习幽默口才的绝好机会。会议语言是一种很好的磨炼形式，能促进你说话水平的提高。

成功的推销员、演说家并非一开始就非常出色。一名成功的推销员很可能在历经多次失败之后才明白说话的技巧，著名的演说家也是从无数次演说经验中才掌握了演讲的技巧，赢得满堂彩。第一次尝试总是比较艰难，但是一回生、二回熟，熟悉之后就能生巧。只要不断尝试，谁都可以成为幽默的健谈者。

练智增智——提高沟通的智慧

幽默的才能不是天生的，而是需要后天的练习。当一个人意识到幽默的可贵之处时，就会不自觉地在现实的学习、生活与工作中进行有意识地运用与练习。练习幽默是一件称不上很难的事情，只要有心，只要拥有不错的修养，只要敢于开口，那么幽默的魅力指数就会越来越高。更重要的是，幽默的开口练习还能够提高智商与情商。在生活中力所能及地幽默一把，又何乐而不为呢？

有一个总经理脾气非常暴躁，对部属要求十分严苛。有一天，部属拿了一份公文进去，只见总经理大发雷霆，骂道："你写的是什么东西，我看只有初中程度！"不久，那位部属快步出来，居然还面带笑容。

他对一脸错愕的同事解释："你们看我进步多快，昨天总经理才骂我只有小学文化程度，今天我就有初中程度了。"

这是一位懂得隐忍的部属，更是一位懂得宽心与快乐的下属，他不会因为批评而怀疑自己的能力，而抱怨上司的严厉，相反，他坦然接受批评，甚至能在批评中找出令人开心的调料。这就是一位懂得幽默的人，懂得幽默可以让自己摆脱不顺心，珍惜幽默带给自己不断提升的智力与能力。在学习和生活中应时不时地来点幽默以作调剂，淡化消极情绪，消除沮丧和痛苦，让我们的身心在沉重的压力下得到松弛和休息。

但是我们仍然不可否认，沟通的环境是错综复杂的，交际对象是多种多样的，交际内容是千变万化的。

心理共鸣——演讲与听众对味

精彩的演讲往往能符合听众的口味，因此明智的演讲者会在演讲之前就已经了解到自己的听众对象是什么类型的，欣赏什么样的演讲风格，进而可以选择相对应的幽默语言。

要让听众"看见"你的话，还有一项极为重要的技巧，这就是景象描绘。景象描绘就是使用能造成图画般景象的字眼。让人感到轻松愉快的演讲者，都是能塑造景象于你眼前的高手。

卡耐基总结他的成功之道说："景象！景象！景象！它们如同呼吸空气一般，是免费的呀！把它们撒在演讲里，你就更能欢娱别人，也会更具影响力。"

一个知道怎么把话说到位的人，会使他说的景象浮现在听众的眼前，而那些不会讲话的人，只是笨拙地使用平淡无味的语言，结果让听众昏昏欲睡。因此，我们应该把景象幽默地描述于演说中，这样，就更能感染听众，让听众接受自己的观点了。

换句话说，我们应该多用具有视觉效果的语句。具有视觉效果的语句最能唤起人们脑海中的景象，甚至可以牵引出观众的想象，达到一种互动的效果。

法国哲学家艾兰说："抽象的风格总是很差的，在你的句子里应该充满了石头、金属、椅子、桌子、动物、男人和女人。"

因此，只有使自己的语言生动、形象、幽默，与听众的口味吻合，在登台演讲时，才能取得更好的效果。

大智若愚——迂回之中显理智

大智若愚的幽默法有两种，一种是装聋作哑，沉默不语；另一种则是答非所问，模糊应对。这两种方式都是一种智慧的体现。

对一些不合理的要求，无法做到的要求，或自己不愿意允诺的要求，本来是应该拒绝的，只是由于人情关系、利害关系等，很难说出一个"不"字。这时就需要我们装聋作哑。

这个时候我们可以用沉默来表示拒绝。狭义的沉默就是徐庶进曹营——一言不发，即缄口不语。广义的沉默则是不通过言语，而是综合运用目光、神态、表情、动作等各种因素，或明或暗地表达自己的思想感情，这是拒绝艺术中一种最常见的手段。

在处理问题时，沉默具有丰富的内涵，作用也十分明显。

其一，沉默可以用来避免冲突升级。当人们被拒绝时难免会产生不良的情绪，甚至会与拒绝人产生激烈冲突。当一方怒火冲天，严厉责备时，另一方应保持沉默，即使有理也暂时不争，以免火上浇油，使冲突进一步升级。这样既维护了对方的颜面，又避免了矛盾激化，还为进一步向对方陈述自己的观点留了余地。保持沉默，不仅可以避免矛盾激化，保全对方面子，同时也可以显示出你的豁达大度和良好修养。有时，面对一些难处理的问题，如果保持沉默，并伴以严厉的目光、严肃的神情，就可能会产生一种威慑作用，使对方迅速警醒，从而很快明白自己的要求不够合理。

其二，沉默可以用来做暗示性表态。沉默有时候是模糊语言，不置可否，但在特定的背景下，其实就是明确表态。如果对方提出一种意见或处理办法，而你却不敢苟同，但出于全面平衡关系考虑，你又不能明确反对，这时的沉默看似不偏不倚，但聪明人却可意会神通，知道自己的要求令你为难，十有八九办不成，此时沉默就是不同意、不支持。此时彼此心照不宣，也不用固执己见，伤了和气。

在某些场合，对对方的提问不管做出怎样的回答，都于己不利，这时不妨佯装没有听见，没有看到，不做任何表示，也是一种行之有效的方法。

装聋作哑式的幽默口才虽然在某些时候颇有良效，但也容易被人所轻视；有的时候采取一种答非所问，话不投机的做法，比光是沉默来得更有效。

一位名叫宫一郎的青年去拜访广源先生，想将一块地卖给他。

广源听完宫一郎陈述后，并没有做出"买"或者"不买"的直接回答，而是从桌子上拿起一些类似纤维的东西给宫一郎看，并问："你知道这是什么东西吗？"

"不知道。"宫一郎回答。

"这是一种新发明的材料，我想用它来做一种汽车的外壳。"广源详详细细地向宫一郎讲述了一遍。谈论了这种新型汽车制造材料的来历和好处，又诚诚恳恳地讲了他明年的汽车生产计划。广源谈的这些内容宫一郎一点也听不懂，摸不着头脑，但广源的情绪感染了宫一郎，他感到十分愉快。在广源送宫一郎出门时，他顺便说了一句：我不想买那块地。

广源的高明之处在于他没有一开始就回拒宫一郎。如果那样，宫一郎就一定会滔滔不绝地劝说他买那块地。而广源采取了答非所问的做法，装作没有听见宫一郎的话，把话题引到其他地方，没有给他劝说的时间，在结束谈话时才拒绝，这不失为拒绝他人的好方法。广源的说话看似是一种糊涂的幽默，但蕴藏着大智慧。

另外，还有一种更为高明的答非所问。它是采用一些与问题有关但是非实质性的答案来应付对方，巧妙避开问者的话锋。

使用答非所问的方法能轻松搞定一切，因此我们常会用上它。然而，虽然它用法简单，但如果仔细想想，这招实在不值得推荐。这招容易使对方不悦，甚至会被人认为你是一个"随随便便、马马虎虎"的人。再说，别人会请你帮忙做的事，多半都是非做不可的事，因此在他对你死心，转而去找其他人帮忙之前，要"一直"忘记，似乎也不太容易。不过，不管是真忘还是假忘，在社交场合里，像这种"忘记委托"的人，其实还真不少。

总的来说，装傻充愣是最常见的拒绝的办法之一。"傻"所掩盖下的是一种圆融大智，迂回之道，我们在社交中所需要的正是这样一种幽默口才之术。

第3章

幽默修辞——手法精妙，信"口"拈来

以喻晓理——哲理在幽默感中迸发

譬喻，可谓说辩艺术之精华。譬喻是用具体的、浅显的、熟知的事物去说明或描写抽象的、深奥的、生疏的事物的一种手法。

说理中，取喻明显，把精辟的论述与摹形状物的描绘糅合为一体，既能给人以哲理上的启迪，又能给人以艺术上的美感。

古希腊哲学家亚里士多德说过："比喻是天才的标志。"的确，善于譬喻，是驾驭语言能力强的表现。说理时运用贴切、巧妙的譬喻，可以生动地表情达意，增强说理的魅力。

某大工具制造公司所属的工厂，安排召开一次预算与标准成本的研讨会。开会时，成本设计部门的负责人应邀说几句话。

他手里拿着该公司生产的一件产品："我想大家都知道这是什么。"席间立即传来一片"当然，自然，那还用说……是温度计"的回答。

成本部门的主管说："我看得出来你们非常了解自己所置身的企业，现在你们再看看这是什么？"他又拿起公司所生产的另一件"名产"。

"调温器。"底下又是一片叫声。

"大家又说对了。"这位主管说，"现在你们已经知道什么是会计，什么是预算。这种售价数百元的温度计是一种'测量'的工具，它告诉我们测知的温度，和会计的功用完全一样。"

"而调温器——我拿的这种产品在外面只卖几块钱，是专门用来'控制'的工具。它不但告诉我们现在的温度，还可将温度控制在一特定的范围内，而预算的功用也是如此。"

"这次研讨会的目的就是告诉大家有关测量与控制的细节。"

这位主管巧妙地引用员工自己最为熟悉的产品来比作"预算"和"控制"，使枯燥无味的研讨会变得生动有趣，大大增强了说服的效力。

以喻晓理，只需取喻明显得当，把精辟的说理与形象生动的论述结合在一起，就能让人们在耳目一新中学习到鞭辟的哲理。

抗日战争期间，中央警卫团划归军委，由叶剑英同志分管。

当时警卫团的多数同志是从战斗部队抽调的老同志，他们都希望到前方去，不愿在后方。甚至有许多战士为此闹情绪，觉得不能上前线杀敌，"窝"在后方不算真正的八路军战士。

叶剑英了解到这一情况后，就在离枣园三四里路的警卫团驻地——侯家沟召开了一次全团大会。

在讲话中，叶剑英谈到大家都想到前方去，不安心工作时，提高了嗓门，大声说道："中央警卫团应该改名，不叫警卫团，叫'钢盔团'。"

大家一听，全都懵了，怎么叫这么难听的名字？

叶剑英解释道："钢盔是干什么的？"

"当然是保护脑袋的！"战士们异口同声地回答道。

"对！钢盔是保护脑袋的，中央警卫团是保护全党的脑袋——党中央的，所以应该叫它'钢盔团'，你们说对不对？"

大家都笑了，一齐回答："对！"

"人没有脑袋行不行呀？"

"不行！"

"你们都是英雄好汉，到前方去可以杀千百个鬼子，但是没有党中央来领导抗战，能不能把鬼子打出去？"

"不能！"

于是，叶剑英大声宣布："以后，谁再不安心在警卫团工作，叫他来找我，我们来谈这个道理。"

战士们听完叶帅的这番话后，思想豁然开朗，都深刻理解到自己的"钢盔"作用，会后再没有人闹着要求离开中央警卫团了。

类比也是设喻中的一种，类比喻理之所以能够有较强的说服力，在于"类"是启发人的"思路导体"，通过它人们可以对原本抽象的东西有一个感性、直观的认识。类比可开阔视野，说理能启发心智。

运用类比喻理时，必须是两类事物具备同类属性，其"理"也必须是相通的，这样才能启发人，说服人。

比喻说理，轻松幽默，浅显易懂，感人至深，但是比喻要恰当方能说理精辟，设喻类比则要以能旁征博引，举一反三为佳。

比拟修辞——幽默将讽刺进行到底

比拟是把物拟作人或把人拟作物的一种修辞方法。运用比拟可以使事物色彩鲜明，表意丰富，应用到说话中，可以起到幽默讽刺的效果。

1. 形象物拟人式

形象物拟人式就是把物比作人。即为了论点的需要，选用较形象的物体，将其赋予人的动作、行为或思想感情。在说话中恰当地运用以物拟人的方式，表现出强烈的爱憎感情，取得幽默的效果。

一次，意大利诗人但丁出席威尼斯执政官举行的宴会。席间，听差们捧给意大利各城邦使节的是一条条肥大的煎鱼，而给但丁的却是几条很小的鱼。

面对这种公然的歧视行为，但丁深为气愤，但没有因此而发作。他若有所思后，用手把盘里的小鱼逐条拿起，靠近耳朵，然后又一一放回盘中，循环往复多次。执政官见状，甚感莫名其妙，便走上前来和他搭话。

执政官："先生，您好像是听鱼说话？"

但丁："几年前，我的一位挚友在海上旅行时不幸逝世，举行了海葬。从那以后，我一直不知道他的遗体是否已安然葬入海底。因此，我就挨个问这些小鱼儿，也许它们多少知道一些情况。"

执政官："那么，它们对你都说了些什么呢？"

但丁："它们对我说，它们都很幼小，对过去的事情了解很少，不过，如果我向同桌的大鱼们打听一下，肯定会了解到想要知道的情况。"

这位执政官听了但丁的话，很快明白了他的言外之意，连忙向但丁道歉并命令听差马上端上来一条又肥又大的煎鱼。

2.形象人拟物式

形象人拟物实质上就是物拟人的翻版，亦即将原来有生命有人性的类比成无生命无人性的。形象人拟物平常很少被人使用，即使在针锋相对时，能找到以人拟物者也是凤毛麟角。不过，人拟物确实不失为一种很有风趣意味的修辞，能起到很好的渲染效果。尤其是在驳论中，可以达到一语而制敌的效果。

3.形象物物相拟式

形象比拟还有一种方法，就是物物相拟式。这种方法通常也叫类比。在说话交谈中，物与物的类比经常被人使用，由此物比及彼物。用形象的类比取代抽象的说理，寓意深远，能让人产生联想，同样也可以将对手逼入困境。

形象比拟离不开幽默。幽默感的物物相拟，可以调节气氛，同时又能使对手因此而气馁并失去战斗力。在不同场合中巧妙地运用比拟法，可以鲜明地表达说话者的观点和立场，使交谈有一种令人荡气回肠的感觉。

拟人运用——别具特色，幽默动人

小王的家里有一只鹦鹉，非常聪明，说起话来特别流利，惹人喜爱。

谁知时隔不久，小王的好友小张发现小王家的鹦鹉不见了，很是奇怪，便问道："你家那只鹦鹉哪去了？"

小王长叹一声，无限惆怅地说："别提了，死了。"

小张大吃一惊："那么聪明的鹦鹉你怎么把它给养死了？"

小王无奈地说："还不是我太太？她一无聊就跟鹦鹉比说话，结果把鹦鹉给活活累死了。"

鹦鹉只是学舌，这则笑话则把鹦鹉当作一个喋喋不休的"人"来看待。虽然表面上是在说鹦鹉如何如何，其实讽刺的是王太太过于啰唆。这就是拟人手法在幽默口才实际应用中的典型例子。

在幽默口才的表达中，拟人这种手法具有非常广阔的使用空间，也是一种被广泛运用的修辞手法。把拟人运用于幽默中的时候，与在一般情况下的运用也有了非常大的差别。在平时的生活中，我们为了让语言显得更为生动活泼，就特意把没有人类特征的植物和动物当作人来看待，赋予它们人类才有的感情和思想，来更好地表达我们所要说的意思。

某地动物园的长颈鹿园总是发生长颈鹿"越狱"事件，饲养员经常看到第二天早上几只长颈鹿在笼子外面的草地上悠闲地散步。园领导很是诧异，经过开会研究，认为是笼子的栅栏过低所导致的，于是一致决定把栅栏由 2 米加高到 5 米。

次日清早，饲养员又发现了长颈鹿们漫步在栅栏之外，于是动物园决定加到 10 米高。

第三天，动物园把栅栏加到了 15 米……

栅栏外散步的长颈鹿们看到工人们忙得不亦乐乎，便问一头年长的长颈鹿："您说，什么时候他们才不会继续增高栅栏呢？"

老长颈鹿不紧不慢地说："那就要看什么时候他们不会忘了把门锁上了。"

人类的自以为是、认为自己是世界主宰的沙文主义总是会被当作笑话来进行讽刺。上面一则笑话使用了拟人的手法，让人类的愚蠢从动物口中说出来，更使得这种讽刺入木三分。

在文学创作中，作家们常用拟人的修辞手法把事物人格化，在他们的生花妙笔下，世间万物都具有灵性，拥有智慧，让人读之，仿佛可悟到那份大自然本身就具有的亲切、和谐之感，童趣与幽默跃然而出。

著名作家欧·亨利在《警察与赞美诗》这篇小说中写有这样一段话："枯叶是杰克·弗洛斯特（霜冻的意思）的名片，杰克对麦迪广场的老住户非常客气，总要在每年光临之前，先打个招呼，在十字街头把名片递给住在'露天公寓'的门公佬——北风，好让房客们有所准备。"

如果用一般的手法来对冬天的景色进行描写，恐怕就是"寒风刺骨""霜降雪飞"之类的词了。不能说这种描写是错误的，但总是缺少一种灵性，而且是被人们惯用的，读之似曾相识，产生不了浓厚的兴趣。而欧·亨利运用拟人的手法写作之后，既显得格外生动、贴切，又产生了一分幽默感。

灵活运用好拟人这种修辞手段，对于幽默口才的艺术来说是一个更重要的环节。掌握了这门技巧，相信能够让我们拥有一种别具特色的幽默感，从而为自己的社交之路开拓出更平坦的通天大道。

类比幽默——违反常规，耐人寻味

生活是和谐统一的，但在内容与形式、愿望与结果、理论与实际等方面会产生强烈的不协调，于是形成了不和谐的对比，这种强烈的反差必然产生幽默、可笑的情趣。类比是根据两种事物在某些属性上的相同，而且已知其中一种事物还有其他属性，从而推知另一种事物也可能具有相同的其他属性。在口语表达中恰当运用类比，可以起到扭转逆境、轻巧取胜且不失幽默感的效果。

类比幽默法是指把两种或两种以上互不相干甚至是完全相反的、彼此之间没有历史的或约定俗成的联系的事物放在一起对照比较，显得不伦不类，以揭示其差异之处，即不协调因素。

在类比幽默中，对比双方的差异越明显，对比的时机和媒介选择越恰当，所造成的不协调程度就越强烈，人们对类比双方差异性的领会就越深刻，所造成的幽默意境也就越耐人寻味。

人们的日常生活和科学研究一样，凡分类都是约定俗成，得用同一标准，否则，必然造成概念的混乱，导致思维无法深入进行。人们从小就训练掌握这种最起码的思维技巧。如：猪、牛、羊、桃就不能并列在一起，人们常常会把桃删去，这是科学道理，但并不幽默。

在类比分类时要产生幽默的趣味恰恰要破坏这种科学的逻辑规

律，对事物加以不伦不类的并列。

赵阿婆的女儿吵着要买嫁妆，赵阿婆气恼地说："死丫头，你的婚事也不和我商量，东西我不买。"

母女大吵起来，引得许多邻居来看。

邻居陈伯站出来说："你不能怪她没和你商量啊！"

赵阿婆问："为什么？"

"你当年成亲时不是也没和女儿商量吗？"陈伯反问道。

赵阿婆一时语塞。女儿却高兴起来，陈伯又转身对姑娘说："你妈不给你买是不对，可你妈出嫁时，你给她买了吗？人要彼此一样才好呀。"

母亲成亲和女儿商量与母亲成亲女儿买嫁妆并列在一起，都是不可能的事，意思完全相反，差异巨大，但说明了母女二人争吵的理由，是都没有为对方着想，因此，经陈伯如此点化，母女二人不得不心服口服。

类比幽默术是个反常规的"坏孩子"，它是借着一丝灵气，将事物不伦不类地加以归类的幽默。因其具有简便的特征，常为人们所使用。

星期六，一位年轻人照例进城卖鸡蛋。他问城里常打交道的中间商："今天鸡蛋你们给多少钱一个？"

中间商简单地回答："两美分。"

"一个才两美分！这真是太便宜了！"

"是啊，我们中间商昨天开了个会，会上决定一个鸡蛋的价格不能高于两美分。"年轻人无奈地摇摇头，但也只好将蛋给卖掉，回去了。

第二个星期六，这个年轻人照例进城，见的还是上次那个中间商。中间商看了看鸡蛋，说："这个星期你的鸡蛋太小了。"

"是啊，"年轻人说："我们的母鸡昨天开了一个大会，它们做出决定，因为两美分实在太少，所以不能使劲下大蛋了。"

一个是"人会"，一个是"鸡会"，并列一比，绝妙横生。

类比幽默的幽默感是"比"出来的，其情趣也是"比"出来的。这样就有利于对方心理接受。

类比幽默是把风马牛不相及的一些概念，或彼此之间没有历史的或约定俗成的联系的事物放在一起对照比较，它能使人在会心的微笑或难堪的境况中开启心智，受到教育。

转换幽默——由此转彼，趣味调节

转换是打破特定语言情境的一致性，故意将不同语境中的词语转移套用，由此转彼，造成语言表达上的严重不谐调，从而产生诙谐的幽默感。

总之，口语表达中构成幽默的表现手法很多。幽默表现手法的技巧和智慧直接体现着口语表达水平的高低。越富有幽默感，口语表达的效果也就越理想。不论用哪种形式和方法都要注意自然，注意幽默产生的客观效果。

一味地说俏皮话，无限制地幽默，其结果反而会不幽默。譬如，把一个笑话反复地讲了三遍、五遍，起初人家还以为你很风趣，到后来听厌了之后，便不会感到有什么兴趣了。说笑也要注意，有时也会使人不高兴的，理由是说得不是恰得其时其地。譬如大家聚精会神在研究一个问题，某人忽然在这里插进一句全无关系的笑话进去，则不但人们不会发笑，也许还会给予白眼。

最危险的幽默是取笑他人的幽默，如果幽默含着批评意味、带着恶意的攻击，挖苦别人丑陋的事情，这些话还是不说为妙。请一定避免下面的话题：宗教、人种、身体缺陷、种族、外表……这样的笑话很可能会让人脸上开花，即使它们真的很滑稽。例：一个人问："为什么人们会在我只说了两三句话之后便不喜欢我呢？"另一个回答说："因为这样节约时间。"这样很滑稽，但是却充满恶意，而恶意通常起不到效果。

幽默是生活的调料，是人类智慧的火花，是属于艺术性的口语。它能用生动形象、鲜明活泼、委婉、含蓄、风趣、机敏、确切的口头语言，每个人都可以友善地提出自己对现实问题的见解，让人们在愉快的情境中、欢乐的笑声中接受表达者的观点。

夸张技巧——夸大的幽默真给力

夸张是为了达到某种表达需要，对事物的形象、特征、作用、程度等方面有意夸大或缩小的修辞方法。

"霜皮溜雨四十围，黛色参天二千尺。"这是唐代大诗人杜甫《古柏行》里形容古柏高大的诗句。这两句诗曾引起一场笔墨官司。《梦溪笔谈》的作者沈括说："四十围直径只有七尺，此树高达二千尺，不是显得太细长了吗？"《沼溪渔隐丛话》的作者引黄朝英的话："古制圆周与直径的关系是三比一，四十围就是一百二十尺，直径即四十尺，此树虽然高达二千尺，也不算细长了。"

这两个人说的似乎都很有道理，但是这样计算似乎过于拘泥了。杜甫是在进行文学创作，是运用夸张手法写古柏的气势。"四十围""二千尺"都是虚数，并非实指。夸张是为了表情达意的需要，故意言过其实，对客观的人、事、物作夸大或缩小的描述。它的内核是表情达意，它的外貌是言过其实。只要内核把握好了，对外貌不必斤斤计较。和比喻一样，一般的夸张说法已为人们普遍接受，逐渐化入人们的日常言谈之中，再也没有最初的刺激力了。

我们平时说的"烦死人了"就是典型的夸张。是程度上的夸张，因为烦人要到"死"的地步，岂不是夸张地形容烦得厉害？再如"忙了一天""干了一辈子""笑得喘不过气来""尾巴翘到天上去了"，以及"天翻地覆""绕梁三日"等，都运用了夸张的手法。可正由于用得多了，人们便不觉得那是夸张了。

又正如比喻要求创新，夸张也要求创新。比喻创新的路子是拉大本体与喻体的距离；夸张，尤其是作为幽默机智的方法的夸张，就是推向极度，所以这里称为极度夸张。

一群人围住一个小男孩，只见他蜷缩在地，痛苦地呻吟着。原来他吞了一枚10英镑的金币到肚子里。围观的人眼看孩子痛得不行了，都急得不知如何处置。这时，从人群中走出一位先生，来到小孩的身边，抓住小孩的腿，把他倒提起来，猛力地摇晃几下，只听"呼"的一声，那枚金币从孩子的嘴里喷了出来，围观的人舒了一口气。

一位旁观者问那位先生："你是医生吗？"

"不！"那人回答，"我在税务局工作。"

此幽默令人捧腹，把税务局抠钱的本领夸张得无以复加。夸张不仅应用于较平和的场合，在剑拔弩张的场合同样不可缺少。

比如那些毫无根据，又极具挑衅的提问总是会激起人们的反感，这个时候我们就应该善用夸大的幽默来回驳他人的挑衅。

夸张应用到说话中往往起到讽刺的效果。正因为其有夸大的成分也就制造了幽默。所以应用夸张手法往往能起到一般语言起不到的作用。

巧用反语——将错就错，以讹反讹

无论是在日常生活还是工作中，我们都离不开幽默的谈吐，它在人际交往中可以发挥很大的作用。

幽默的语言，具有愉悦作用。幽默大师萧伯纳在街上被一骑自行车的人撞倒了，肇事者吓得不得了，连忙向萧翁道歉，萧翁却对他说："先生，你比我更不幸，要是你再加点劲，那就成为撞死萧伯纳的好汉而名垂史册了！"

幽默的语言还可以借机反讽，是讥讽对方的有力武器。幽默地用反语温和地讥讽对方的蠢话，其中蕴含着说话者善良的气度和高超的语言艺术。

反语是指所说的道理或所举的事例全是和真理明显相违背的。这种手法贵在故意送明显的悖谬给对方，使对方在明显的悖谬中省悟到自己也同样错了，因此而改变主意。

清朝的康熙是一个颇有文化素养的皇帝。据说他在一次出游中，因一翰林学士把路旁一尊名曰"翁仲"的石人像，说成"仲翁"，回宫之后，就此写了一首反语打油诗："翁仲如何读仲翁，想必当年少夫功。从今不得为林翰，贬尔江南做判通。"此诗妙在将错就错，以讹反讹。翰林学士把"翁仲"读作"仲翁"，他就在诗中故意把"功夫""翰林""通判"三词统统来个颠倒，用这一连串的反语冷嘲热讽，奚落戏弄，十分辛辣，而且机智俏皮，幽默风趣，读来可笑而又感到有一种含蓄之美。

除此之外，幽默还具有批评、教益的作用。

反语批评在特殊的场合或特殊的人物面前若运用得好，常常能收到意想不到的效果。这种手法无论对什么样性格的人都适用。

古代君王都好玩乐，而他们身边总是有那些懂得以"赞"促"改"的贤臣才子对其加以劝谏。

景公爱喝酒，连喝七天七夜不停止。

大臣弦章上谏说："君王已经连喝七天七夜了，请您以国事为重，赶快戒酒，否则就请先赐我死。"

晏子后来觐见齐景公，齐景公便向他诉苦说："弦章劝我戒酒，要不然就赐死他。我如果听他的话，以后恐怕就尝不到喝酒的乐趣了；不听的话，就要赐死他，这可怎么办才好？"

晏子听了便说："弦章遇到您这样宽厚的国君，真是幸运啊！如果遇到夏桀、殷纣王，不是早就没命了吗？"

于是齐景公果真戒酒了。

吃喝玩乐似乎乃君王的天性，倘若直言劝谏，告诉他那是大错特错，有多少的坏处，恐怕他很难听进去，反而会大发雷霆。把话的角度调转 180 度，效果也会相应调整 180 度。

对于一些有自知之明的人来说，根本用不着太严厉的批评，采用这种正话反说的批评方式最好不过了。

　反语的幽默修辞主要在以下几种情况运用：

　（1）遭遇尴尬的场面，用反语可以为他人解围，达到气氛的和谐状态。

　（2）遭遇刁难与讽刺的时候，反语可以顺势而为，将错就错，对对方的讥讽给予粉碎性的反击。

　（3）当想要顺利实现劝谏的时候，直言或许会有损于对方的面子，反语则以最有力的说服给予对方深刻的批评与教益。

第4章

幽默分寸——把握幽默的"投放量"

把握幽默分寸，打造活力社交

在生活和在工作中，幽默都要有所禁忌，尤其是在无风还起三尺浪的办公室，就更要注意开玩笑的尺度，即使是最轻松、最简单的幽默，都要把握住分寸。当然，这并不是说办公室就是一个不苟言笑、死气沉沉的地方，在某些时候，办公室里的玩笑可以起到调节紧张工作、减轻工作压力的作用。但切记这个时候的玩笑绝不能过分，最重要的是绝不能在异性面前说那些低级趣味的笑话。否则，必将为人所不齿。

办公室的幽默口才一定要注意到以下几方面：

（1）人们很少像他们自己认为的那样大度宽容。

（2）玩笑是主观和伤人的，没有人人都喜欢的笑话，几乎每个笑话都会有一个受害者。在制造任何恶作剧之前，应该问问自己：我的受害者能否承受得住？

（3）玩笑完全在于时机的选择。玩笑对象不是太忙的时候，可能认为这个玩笑有趣；当他或她正在赶工时，玩笑可能就变得没那么有趣了。如果你开玩笑的次数过多，那么你就有问题了：你是个麻烦制造者。

（4）制造一个影响整个公司或部门的恶作剧不是件好事。每个人的幽默感不同，总有一部分人认为做这种事的人是愚蠢的。

（5）记住玩笑对象的忌讳，不要触摸他们心中的伤疤。

（6）记住你的职业。在医药行业，在某人抽屉里放一只人手模型不算可笑，而在法律行业，在其屁股底下放一个吱吱作响的坐垫，就已经是开玩笑的极限了。

总之，把握分寸、学会察言观色，才是使用幽默口才最重要的环节。

把握地域禁忌，避开别人的忌讳

我国地域广阔，方言习俗各异。一个规模较大的单位，不可能只由本地人组成，一定还会有各地的同事，要特别注意这点。不同的地方，语言习惯不同，自己认为很合适的语言，在其他不与你同乡的同事听来，可能很刺耳，甚至认为你是在侮辱他。

小齐是西北某地区人，而小秦是北京人。一次两人在业余时间闲聊，谈得正起劲，小齐看见小秦头发有点长了，就随口说："你头上毛长了，该理一理了。"不料小秦听后勃然大怒："你的毛才长了呢！"结果两人不欢而散。

无疑，问题就出在小齐的一个"毛"字。小齐那个地方的人都管头发叫作"头毛"，小齐刚来北京时间不长，言语之中还带着方言，因此不自觉地说了出来。而北京却把"毛"看作是一种侮辱性的骂人的话，无怪乎小秦要勃然大怒了。

还有许多其他的语言习惯，如北方称老年男子叫老先生，但如果上海嘉定人听来，会当是侮辱。安徽人称朋友的母亲为老太婆，是尊敬她，而在浙江，称朋友的母亲为老太婆那简直就是骂人了。各地的风俗不同，说话上的忌讳各异。在与同事交往的过程中，必须留心对方的忌讳话。一不留心，脱口而出，最易伤同事间的感情。即使对方知道你不懂得他的忌讳，情有可原，但至少你还是冒犯了他，双方的友谊是不会有所增进的，因此应该特别留心。

各地的风俗习惯不同，形形色色，五花八门。因此，当我们和外地人交谈时，首先就要了解一下该地域的文化背景，尤其是当地的禁忌，以免在谈话中使用不恰当的语言，触犯了他们的忌讳，从而引起不必要的误会，甚至妨碍了有效的人际交流。

比如，到内地来投资的香港商家很多，他们说话时都爱讨个吉利，所以，我们在与港商进行洽谈时，他们认为不吉利的话就不要说。像"四"与"死"谐音，在他们面前说"四"就会犯忌讳。

他们对六、八、九这三个数字颇有好感，因为听起来很像大吉大利的"禄发久"。掌握了这一点，在你讨价还价时，不妨向他们讨个吉利。

"金利来，男人的世界"——这句广告词可谓家喻户晓，令"金利来"领带风靡神州。殊不知，它也曾有过被消费者拒之门外的经历呢。

"金利来"，原名是意大利文的意译——"金狮"。

有一天，"金狮"有限公司董事长曾宪梓先生将两条"金狮"领带送给一个亲戚，亲戚一脸不高兴地说道："我才不戴你的领带呢。金输金输，什么就都输掉了。"

原来，粤语中，"狮"与"输"读音相近。为了避免犯这个忌讳，曾先生当晚一夜未眠。冥思苦想，绞尽了脑汁，终于想出了万全之策。

他将 GOLD 依然意译为"金"，却将 LION 音译为"利来"，即"金利来"。这个名字体现了曾先生对消费者的文化传统、风俗习惯以及消费心理的了解和尊重。"金利来"这个名字一叫即响，人见人爱。可见，只有"入乡随俗"的商业活动，才能真正抓住顾客的消费心理。

注意幽默尺度，避免踏入雷区

在人际交往的过程中，幽默是一种润滑剂。它对我们人际关系的和谐、人们之间的沟通活动有着巨大的促进作用，幽默是两颗甚至更多心灵之间的碰撞，是拥有爱和友谊的催化剂。幽默的人所到之处，都会给沉闷的气氛带来一分欢笑和融洽。所以说，如果把生活比作菜肴，那么幽默就是一味给菜肴增加色香味的调料。

但要知道，即使再有味道的调料也不能任意使用，就如同菜里放盐，适当地调入会让菜肴美味可口，但要是放得太多，便会成为一种苦涩。同理，适度的幽默会让生活变得多姿多彩，但要用得过度，同样会对别人造成伤害，不仅想要达到的目的实现不了，反而会让事情的发展进一步恶化。

聊天中开玩笑的人大多数都没有恶意，但若不把握好尺度和分寸，也会产生非常不好的后果，正所谓"说者无心、听者有意"。有的时候，即便是称赞他人，也可能不小心冲撞了对方，引起对方的反感，甚至有时可能还会招来怨恨。所以，社交幽默中掌握一些分寸还是非常有必要的。

律师这个职业是最需要口才表达能力的。只有拥有一副好口才的律师，方能在其岗位上做出一番业绩。虽然我们不能要求律师像一台毫无感情的机器，也不能说律师口中的幽默就是不合时宜，但身为一名律师，在谈话过程中一定要注意，切不可开过分的玩笑，否则，吃亏的就是自己。

有一位律师总是带着满身的伤痕回家。妻子很纳闷，问："你究竟是律师还是黑社会打手？怎么总是这么狼狈？"

律师回答道："别提了，那帮当事人真是太难伺候了，一句话说不对就动拳头揍我。"

妻子奇怪地问："你都说什么了？"

"今天有一个当事人要起诉他的同事。因为那个同事总是在单位辱骂他的妻子，说他妻子尖嘴猴腮的一看就不是好人，还说她没有进化好，过早从树上下来生活。我说：'嗯，没问题，可以起诉她侵犯名誉权，让她赔礼道歉、赔偿损失。对了，你带妻子的身份证了吗？我需要一张复印件和委托书。'他很痛快地把东西给了我，结果我随口的一句话，就挨揍了。"

"你说什么了？"

"我说：'咦，奇怪，现在怎么连猴子也需要办身份证了？'"

这种律师确实欠揍。无论是谁听到这样的话，哪怕是再幽默，恐怕也笑不出来，挥动拳头或许都是轻的了。

说话要看对象，幽默应恰到好处

说话看对象，文化程度是很重要的一项。

人口普查员在填写人口登记表的时候，问一个没有文化的老太太："您有配偶吗？"老太太说："你问我有没有买藕吗？"结果闹了个笑话。

说话看对象还要看对方的身份职务。身份职务不同并不妨碍人际交流，下级对上级、晚辈对长辈、学生对老师、普通人对有名气地位的人等，不应当也不必要表现得屈从、逢迎。但在言谈举止上则不要过于随便，有必要时也应当表现得更加尊重对方一些。如学生与老师之间发生了矛盾，可以像同学之间发生矛盾一样平等地交流、沟通，但在说话上应当注意方式和讲究措辞。

谈话对象还要分性格和心理状态。

性格外向的人易于和人交谈，性格内向的人多半"沉默寡言"，不善于主动与人交谈。同性格开朗的人谈话，你可以侃侃而谈；同性格内向的人谈话，就应注意分寸，循循善诱。

不同的人在不同的情况下有不同的心态，有时候甚至不会从外部表现上明显地表露出来，这时作为表达者就应当洞察对方的心理，以便进行有效的交流。

从前有个人在家里大宴宾客，眼看着约定的时间已经过了，还有一大半客人没来。主人心里很着急，便说："怎么搞的，该来的还不来？"一些敏感的客人听到了，心想："该来的没来，那我们是不该来的。"于是悄悄地走了。主人一看又走掉好几位客人，越发着急了，便说："怎么这些不该走的客人，反倒走了呢？"剩下的客人一听，又想："走了的是不该走的，那我们这些没走的倒是该走的了！"于是又都走了。最后只剩下一个跟主人较亲近的朋友，看了这种尴尬的场面，就劝他说："你说话前应该先考虑一下，否则说错了，就不容易收回来了。"主人大叫冤枉，急忙解释说："我并不是叫他们走哇！"朋友听了大为光火，说："哦，不是叫他们走，那就是叫我走了。"说完，头也不回地离开了。

以上这个事例告诉我们：幽默说话时一定要看对象，注意对方的心理状态，观察对方的性格特点，尽量避免说话时无意之间伤了人。

谈话还应注意的是，跟与自己关系不同的人说话，也要注意区别对待。

（1）许多人结婚后，认为对方成了"自己人"，在语言和行为上开始毫不在乎分寸，无所顾忌，想说什么就说什么，想怎么说就怎么说。这种在夫妻之间任其自然的做法积极的方面，是可以使夫妻双方推心置腹；消极的方面，就是有时不加考虑的言行会伤害对方的感情。

（2）如果是朋友惹恼了你，你可以在一段时间内与其拉开距离，直到气消后再去找他。但不管妻子对丈夫或丈夫对妻子多么生气，却无论如何是回避不了的。因此，体谅就显得非常重要，理解也成了把握分寸的基础。

① 跟朋友幽默说话，要真诚、实在、和气，但这样不等于不讲究说话技巧，不需要分寸。幽默话说得好，可以加深朋友之间的感情；幽默话说得差，不讲究方式，迟早会使朋友疏远，甚至得罪朋友。

②多说对朋友有好处的幽默话。在中国，中庸之道是一种至高的做人法则，掌握了这一法则，便会在生活中游刃有余。交友也讲中庸，除了"谈而不厌"外，还要"简而文""温而理"，简略却文雅，温和且合情理。

在幽默说话过程中知己知彼，才能"百说百灵"。

同样的幽默话，可能这个人说，你很愿意接受，而换了另外一个人说，不但不接受，而且还产生了反感，因此，说话要分对象，要有针对性。

职场幽默分寸，不该说的勿说

职场如战场，职场中处处埋藏着能够伤害到你的"子弹"。在职场中生存就应该懂得这样一个道理：害人之心不可有，但防人之心万万不可无。

职场中的一句话可能会改变一个人的命运，一句话也可能阻碍了一个人的发展。说话的艺术性很重要，切记该说的要幽默地说，不该说的打死也不能乱说。

安全总是许多人会想到的最重要的事情。约瑟夫是一个11岁的少年，他的父母叮嘱他和陌生人讲话时要小心谨慎。

一天下午，约瑟夫带着他的狗在离公路不远的地方散步。一辆小车开了过来，坐在司机身边的乘客对他喊道：

　　"请告诉我，小孩，这儿离 A 城还有多远？"

　　"这要看你行路的速度。"小男孩小心翼翼地回答道。

　　"你叫什么名字，小孩？"

　　"我的名字和我爷爷的名字一样。"

　　"那么你爷爷的名字叫什么？"

　　"和他爷爷的名字一样——我们家要给孩子取名时都会用爷爷的名字。"

　　"你家还有几个像你这样的孩子？"

　　"我妈妈给多少个孩子开饭就有多少个孩子。"

　　"那么需要多少个座位呢？"

　　"在我们家，每个人都有个座位。"

　　这个小男孩很聪明，懂得提防他人，不会将自己的秘密和盘托出。职场中人就应该像约瑟夫一样，不论对谁都要留一点心，谨慎才能走得远，不要把自己的底细轻易交代出去。

说笑一旦过火，笑果变成恶果

　　开玩笑要有轻有重，"重"的玩笑多半是开不得的，它只能在比较特殊的场合才能开。若在一般场合开比较"重"的玩笑，可能就不再可笑了，甚至会变成悲剧。朋友聚会，为了活跃气氛，应该选择一些比较轻松的玩笑开，如果不是特殊需要，切不可开比较"重"的玩笑。

据某报刊载：

张某和几个朋友一起喝酒，几两酒下肚后，张某脑袋就有些昏昏沉沉了。朋友们边喝边和他开玩笑："瞧你这丑样，你那儿子倒很漂亮，莫不是你媳妇跟别人生的？"张某是个小心眼的人，平时也爱丢三落四，但此时在醉态中却牢牢记住了这句开玩笑的话。

等张某跌跌撞撞回到家，就向妻子找茬："你说！我长得是啥样，为什么这孩子却是那模样？到底是不是和我生的？"他边说边逼近妻子。突然，他冷不防从妻子怀里抓过孩子，拎着小腿，把孩子扔到炕上，又顺手抓起枕头压在了哭叫不止的孩子的脸上，可怜的孩子顿时没有了哭声。见此情景，妻子极力想救孩子，却被丈夫打倒在炉灶前。妻子急恨交加，顺手抓起炉灶旁边的炉钩，死命地甩向张某。只听张某"哎呀"一声，松开了枕头，慢慢地瘫倒在地上。妻子从地上爬起来，不顾一切地向儿子扑了过去。她急忙掀去枕头，儿子的小脸儿憋得青紫，已经奄奄一息了。再看丈夫，他倒伏在地上，一动不动，一股青紫色的液体顺着他的右腮淌下。原来她甩过去的炉钩的尖端，刚好嵌进张某的右边太阳穴，她见状吓得昏了过去。

一边是只剩下一口气的宝贝儿子，一边是一口气也没有的丈夫。顷刻间，好端端的一家人，家破人亡，毁于一旦。

看来，开玩笑之前，务必要考虑这个玩笑带来的后果，不该开的绝不要随便开，有时开玩笑，还要考虑到自己的特殊身份及开玩笑的对象，不然，也可能会发生意外，这是应该引起我们注意的。

第 5 章
幽默规则——有规矩方能成幽默之方圆

启迪规则：人以笑话为笑，我以笑话醒人

"幽默是具有智慧、教育和道德上优越的表现。幽默感是人比较高尚的气质，是文明的体现，一个社会不能没有幽默。"恩格斯说。幽默既然是一种智慧的结晶，就应该具备启迪的意义，没有启迪与教育意义的幽默就成为作秀。

如今，如何提高工作以及生活效率成为人们都在不断探索的问题。那么，采取什么途径才能够做到呢？其实，恰当地采用幽默口才的沟通方式就是很好的方式之一。每个人都不喜欢枯燥、乏味的课堂，科学地运用幽默不仅能够活跃人与人之间的交往气氛，而且能够潜移默化地将科学知识融入其中，加深人们对知识的理解，从

而有效地提升幽默口才的实效性。有学者经过科学的研究证实，幽默感是成功人士应该具备的品格之一。

庄谐适当是幽默的基本特点之一。这里所谓的"庄"即意味着坚持科学的思想，教授给人们的内容要遵循科学性、系统性的原则；"谐"则指的是采用诙谐、趣味化的表达方式，指人们交流的生动性与积极性。当然，所谓的"庄谐适当"，二者并非是矛盾的、冲突的，而是辩证统一的。采用"谐"的说话方式，最终是要实现"庄"的交流目的。所以"谐"的运用并非是可以天马行空，而要为"庄"的说话内容服务。如果抛开了"庄"的目的，那么所采取的"谐"就没有价值了，当然幽默也就毫无价值可言了。所以，说话幽默必须要把握庄谐适当的原则，才能使得人们在愉悦、放松的氛围中掌握幽默带来的知识。

与普通的语言相比，幽默有着更为深刻的内涵。无论采取何种具体的幽默手段，归根结底都是要最终实现自己的交际目的。幽默的谈笑可以打破沉寂、尴尬的场面，可以调节纷争，可以让自己在工作中表现更出色，可以赢得爱情的甜蜜、人生的精彩。

因此，幽默一定要把启迪作为根本，使人们能够接受到崇高的道德品质，学会分辨是非曲直。在实际的幽默沟通中，也会有极个别的人不能很好地把握这一原则。例如有的人由于相信刻板印象，往往会对一些感觉不是很好的人进行冷嘲热讽，这样的幽默就失去了它原有的意义。比如，有的同学会对成绩不佳的同学产生反感的情绪，当考试快要来临的时候，就会冷嘲热讽地对这些学生说："争取给你们家长带个鸭蛋回家过年吧。"其他同学会哄堂大笑，而受到嘲讽的学生往往会对这种方式产生抵触、逆反的心理，越发不喜欢学习了，不利于进一步的教育。

幽默如果没有了启迪与教育的意义，就等于鸟儿失去了飞翔的翅膀，尽管还是鸟儿，却失掉了最重要的能力。

良性规则：友善创造和谐的幽默沟通力

在社会上生存，就少不了与身边的人打交道。再加上每个人都有自己独特的性格特点以及生活方式，如果没有群体意识以及良好的幽默感，实现与他人的和谐共处将是件很困难的事情。拥有幽默感的人都很清楚，幽默最重要的是要与人为善。

"与人为善"的内涵并不是字面上听起来的那样简单，它不仅是一种浅层面上的道德规范，更体现了一个人的精神境界和人格修养。它是智者心灵深处的一种沟通，是仁者内心世界里一片广阔的视野，是一个心理健康有幽默感的人对世间百态的一种发自内心的悲悯和宽容。在这私欲纵横的社会中，这种行为尤其显得高贵而真诚，平凡却独特。

相较于谦让，忍让、幽默大度则是与人为善的更高的境界。尤其是与那些有意挑拨事端、制造矛盾、恶意中伤他人者，若是抱着以牙还牙的心态与其争斗，这样不仅于事无补，最终还会落个两败俱伤的下场。幽默教会我们要和气待人，要以一颗包容的心面对他人的是与非。

其实，没有人不喜欢幽默，幽默感能促进更好的理解和沟通，它是一种智慧的表现，更能让一个人被接受。幽默是一种从容不迫的生活态度，一种开放豁达的心胸。用一种幽默的心态来与他人交往，也就是与人为善了。

其中，在良性沟通中的幽默沟通也是一种理想的沟通方式，良性沟通情境的创造，一般包括以下 11 点：

（1）四分钟哲学——开始的前四分钟，在任何情境中都是非常重要的。要给人良好的感觉与印象，无论是电话中，或与人面对面直接接触时，成败的关键就在于最初的四分钟。"四分钟哲学"的掌握，会让你有意想不到的效果。四分钟，传递愉快，传递温情，如：早安！您好！您好棒！好荣幸见到您。都是好词句。若有不满、怒气，且稍慢！你不妨先说好话，四分钟以后再慢慢陈述，这样可将产生冲突的可能性降到最低。

（2）微笑——保持微笑，不仅营造温馨，还可以化解暴戾，是建立良性沟通最简单而又有效的方法。

（3）眼神接触——眼睛直视着对方，表现为真诚、关注，可让对方心神平静，有安全感。

（4）倾听——先做良好的听众，聆听对方发言，有助于化解分歧，还可掌握部分讯息，有助于沟通。

（5）触动力——适度的身体接触，例如握手、轻拍手背、拍肩等，有助于拉近相互之间的距离。

（6）精神力——保持高度精神力，用这种旺盛的精神去感染沟通对象。

（7）自信——充满自信，由眼、声、气、肢体充分表现，必有慑人之气。

（8）准备充分——充分准备需要报告或沟通的内容，才会建立完全的自信，也才不会心虚、惧怕；人们往往对不确定、没把握的事，表现得摇摆，没信心。若事前充分准备，就有信心进行沟通。

（9）空间情境——颜色轻柔，冷色调有助于安定情绪；浅淡的米、黄色调，则有温暖感觉，冬夏亦可选择不同色调。而在沟通的小环境中，如在宾客进场时播放轻音乐，则会使人精神放松，有助于之后的沟通。

（10）衣着——以简单保守为宜，以免注意力分散，颜色方面，除男性西装为深色外，女性可穿浅色套装，而洋装的色彩也不可过于强烈缤纷，佩件也以简单为宜。

（11）距离——沟通者相互站、坐的距离不可过远或过近，过远则失去直接效果，太近则有威胁压迫感，站立时以两人相互握手的距离最为适切，坐时中间以一椅之隔，或隔桌相对。

掌握以上情境及原则，你的幽默沟通已成功了一半；沟通力是需要时刻练习的，值得庆幸的是，在我们每日的生活、工作中，分分秒秒都是你实际演练的好机会，另外一半就靠你自己了。

平等规则：平等态度交流，展现美的人格

平等原则是幽默规则的重要原则，只有在说话时与对方保持在平等的立场上，用平和的口气、真诚的态度来交流彼此间的观点，才能达到思想上的统一，才能说出不带伤害的幽默语言。

平等是建立良好人际关系的前提。但平等是相对的，不平等是绝对的。例如，人的社会地位、社会背景、长相、健康、财富等永远不可能是平等的，而且不同的国家、不同的民族、不同的社会制度、不同的时代，对平等还有不同的理解。所以平等的观念不是固

定不变的，平等的类型也是多种多样的，例如，人权的平等，在法律面前人人平等，在真理面前人人平等，在金钱面前人人平等。

我们在此所说的是交往的平等，主要指情感的对等，"野地烤火一边热"是不会获得真正友情的。一个趾高气扬的人，也是不能心悦诚服地说服别人的。

在人际交往过程中，你欲求人家喜欢你，加大被你吸引的力度，就要努力以平等的态度对待别人，如果总用一种居高临下的态度教训别人，与人相处，那就互动不起来了，也叫人难以喜欢你。此外，平等待人必须真诚，叫人一看就知道你是发自内心的，如果虚情假意，人家就会对你敬而远之。

这就是说，不要以为自己的职务比对方高，工龄比对方长，或者认为"真理"在自己这方，因此在与对方交往时，拖腔带调，甚至以势压人。而应把自己摆在与对方同等的位置上，以商讨的口气，温和的语调，用容易被对方接受的言辞与对方交谈。

一位有涵养的顾客，即使表达自己的意见，也注重委婉的幽默：

顾客："吃了贵店的元宵，使我想起唐朝一位大诗人的名字。"

服务员："真没想到我店的元宵竟使你产生如此美妙的联想，请问这位诗人是谁啊？"

顾客："李（里）白。"

幽默的讽刺能使顾客的意见得到更好的表达和接受。

平等也意味着尊重，老师对学生，家长对孩子，也需要某种平等，凌驾于别人之上的言行是不会成功的，也许还会得到回击，"代沟"就是表现之一。

对等吸引实际上是人际关系中相当复杂的交换关系，它表现在个体行为体验中。如人际互惠感、来而不往非礼也，这种心理体验恐怕是任何人都在所难免的。在现实生活中人们都在自觉或不自觉地利用这种互酬心理来平衡彼此间的情感，调节人际关系。

微笑规则：善用笑意面对人生

用笑和幽默面对人生，也要注意一些事项，包括不要流于恶俗，不要进行人身攻击，不要恶作剧，不要油腔滑调等。以下是一些建议：

（1）笑谈自己的短处。不要把自己的缺点当优点而顽固坚持。

（2）不论你笑别人怎样，先笑你自己。

（3）讲幽默时，要清楚明确，不要引起误会。

（4）你也不能期望每次讲了一则趣事或笑话，就一定有明显的效果。

（5）不要拿别人的生理缺陷或隐私开玩笑。

（6）如果与两个以上的人相处，假如你只针对其中一个人说笑话，会使其他人感到被轻视。所以，在人多的场合，最好能说一些让大家都笑的笑话。

（7）即使在拿自己"开涮"时，也不要忘记自己的人格。不可把自己的弱点全部告诉别人。千万不要让别人认为你像小丑般可笑。如果没的说，就不抖机灵，安安静静听别人说笑话，然后和大家一块儿乐。

（8）注意场合。严肃庄重的场合，幽默要谨慎。有的适于在餐桌上说的，拿到办公室就不合适。

（9）不要触到别人的痛处。

（10）不要失掉时机。如果时机已过，就不要再总想那个幽默。对别人的幽默要捧场，即使不那么好笑，你也不妨笑一笑。

（11）如果对方地位比自己高，就必须慎重一些，不能贸然说出失礼的话来。

（12）幽默的目的不是压倒对方，因此不要逞才恃能。要记住，我们的目的只不过是要轻松，要融洽气氛，要使大家包括我们自己快乐。

开心地笑吧，"不要使冰霜结在你的脸上"。真正有益身心的笑，是发自内心的。它首先是一种乐观开朗的生活态度，是对人对己的宽容大度，是不计较得失的坦然心胸。笑的修养，也是人品的修养。强笑、装笑、皮笑肉不笑，甚至不怀好意的奸笑，得意忘形的狂笑，溜须拍马的谄笑……这些虽也是"笑"，却不是我们所需要的。就是幽默，那些低级下流的低俗幽默，那些幸灾乐祸的"黑色幽默"，那些诽谤他人的"帖子"，也是为"真笑者"所不齿的。

正义规则：真正的幽默绝不嘲笑弱者

就幽默而言，本身具有嘲笑讽刺的意味，但是它嘲笑的对象应该是那些生活中的丑恶现象，而不是弱者。我们都知道，生活中有强者就有弱者，强弱是相对而言的，都是客观存在的。很多东西是我们无法改变的，包括一些先天或后天的原因，有的人生来残疾，先天性的东西我们无法改变，但是当他们失去这些能力之后，我们必须给予他们更多的照顾和帮助。不仅需要物质上的，更多的是精神上的帮助，当然更不能把嘲笑的矛头指向他们。

当然，我们还要认识到，每个人的发展都是不平衡的，人无完人，金无足赤，我们不可能成为在各个行业都精通的全才。或许在某些方面表现得比较优秀，同时在另一些方面相对来说就会显得拙劣，这也是很正常的。正因为此，我们不能因为自己在某些方面占尽优势，就去嘲笑那些不如自己的人。要知道，或许他们身上也有你不如的地方。

在罗斯福任美国总统期间，他才智过人，但是在体力上却很差，明显不如别人。年轻时，他曾与人一起去砍树，整整干了一天，累得腰酸背痛，但是成绩却差了别人一大截。

在收工的时候，领队来统计砍树的成绩。罗斯福的一个同伴用嘲笑的口吻别有用心地喊道："塔尔砍倒了53株，我砍倒了49株，罗斯福使劲咬断了17株。"

他不说砍断，而是说"咬断"，这句话是很有幽默感的，但却有嘲笑的意味，罗斯福面对这样被嘲笑的困窘，心里很不是滋味。但是这确实是实情，他也只好无奈地和其他人一起笑起来。

我们要知道，每个人都有自己的长处和短处，就算是那些给人们制造了很多麻烦的人，在某些方面也会有自己的优势，是别人无法达到的。嘲笑那些处于弱势的人是很不高明的，与此同时，也展现了自己人性中的阴暗面，这种人格是卑劣的，是被人们所不齿的，并不是一个聪明人会采取的做法。

所以，在生活中运用自己的幽默时，一定要懂得一个原则：与人为善。我们可以去讥笑那些不文明不道德的行为或是恶劣的品质，但是绝对不能讥笑弱者，更不能讥笑别人生理上的缺陷。也只有如此，我们的幽默才会给人带来阳光般的笑容。

把欢乐建立在别人的痛苦之上是错误的做法，幽默应该是文明的，只有如此幽默才会像春风化雨，像甘露一样滋润每个人的心田，也才会有更多人真心地和我们一起共同走向幸福的明天。

宽容规则：以包容的胸襟体现幽默精华

幽默需要大度，大度才能心宽，心宽才能容得下不快，容得下不快才会真正享受到快乐的本质。幽默的人生往往会与包容为伴。

正所谓痴汉不会饶人，饶人不是痴汉。这句话的意思就是讲，在人际交往中，即使是在占上风的时候，聪明人也会善用幽默给对方留一些情面。情面是维系社会关系的主要工具和最佳手段，但却不是随便就可以做出来的。

当一个人懂得了宽以待人，笑面迎人的时候，他的幽默才算是真正达到了一种境界。巴尔扎克就是这样一个以幽默般的心态生活，以豁然的气度而快乐的幽默者。

巴尔扎克虽然一生写出了很多著名作品，却依旧穷困潦倒。在一个深夜中，有一个窃贼来到了他的家中，在窃贼的慌乱翻找中，巴尔扎克被惊醒了。这时候的巴尔扎克居然异常平静，他怕惊动了窃贼，于是悄悄地爬了起来，平静地对窃贼说："亲爱的，不要白费力气了。白天你都很难找到什么值钱的东西，何况是现在呢？天黑了就更找不到了。"

巴尔扎克没有对窃贼的行为感觉到生气，相反地，他原谅了窃贼的行为，并对窃贼给予了幽默的提醒。巴尔扎克是个幽默的人，是一个大度的幽默者。

其实，只要留心生活你就会惊奇地发现，能够体验到环境给自己带来欢悦的人非常少。不管是你身边的朋友、同事，还是亲人，难得碰见有人能够在山冈上面"瞥见黄色的水仙花"。你是不是只埋怨路边的杂草弄脏了鞋子而忽视了草坪中充满青春活力的色彩绚丽的花朵呢？你在雨后是不是两眼盯着道路上的泥泞，而注意不到难得的清新的空气呢？

幽默要求一个人能真正做到宽容环境，首先要学会忍受环境带来的种种不方便，不抱怨，不强迫，不做任何影响自己的事，主动去接受它，适应它，当你可以和周围的环境融为一体、看到生活中好的方面的时候，世界就会变得更加美好。宽容会让你快乐，让你充实，让你成熟，让你稳重，而环境带来的不愉快自然就会在这样的你的面前烟消云散。会宽容的人才真正懂得了幽默。

第6章
幽默逻辑——有逻辑条理方有说服力

以正导反，错位逻辑

　　幽默的逻辑往往不是遵循常规思维，而是巧妙通过制造错位的思维方式来达到幽默的效果。事物之间的内在联系是错综复杂且相互支配、互相渗透着的。辩证法认为，任何事物的发展均遵循着一定的规律。但事物的发展变化是多种多样的。同样一件事，可以往好的方面发展，也可以往坏的方面发展。诡辩者最爱钻的就是这样的空子。

　　有人说，拥有幽默口才的人最大的本领就是能够以事物的因果歧说来战胜对方，因此，无论在什么样的对象面前，演讲者总是可以"三难不倒"者自居。

正反术，是将两件以上事物的性质、范围、作用等进行定量或定性的对比分析，从而取得胜利的方法。正反术，运用于语言场合时是迅速摆脱困境、克敌制胜的好方法。

运用正反比较，可以比较同类事物，也可以比较异类事物；可以比较同一对象的不同方面，也可比较不同对象的同一方面；可以是纵向的比较、横向的比较、现状的比较、历史的比较，也可兼而得之。但不管哪种比较，都应该特别注意比较事物的强烈反差，造成鲜明的对比，这样才能取得良好的效果。

齐威王二十四年，魏惠王与齐威王一起在郊外打猎。

魏惠王带着几分夸耀的语气说："你们齐国可有什么奇珍异宝吗？我们魏国虽不算大，尚且有10枚直径一寸的宝珠，这些宝珠晶莹滑润，玲珑剔透，到了夜间，亮光闪闪，光华四射，能够把前后12辆车照得通亮，真是不可多得的稀世珍宝。贵国这样一个堂堂大国，怎么连件像样的国宝都没有？遗憾！遗憾！"

齐威王微微一笑说："我们所说的国宝与你们看重的国宝迥然不同。我有一个名叫檀子的大臣，现在镇守在南城，他恪尽职守，爱兵如子，夜不卸甲，使得强悍的楚国人不敢骚扰我国的南部边疆；我有一个名叫盼子的大臣，带兵在高唐驻防，他办事异常精细，防范特别严密，使得赵国人不敢在我国的河流里撒网捕鱼，为国家赢得了一大笔渔业收入；我有一个名叫黔夫的大臣，被派去治理徐州，他文武并用，恩威并施，使得燕国、赵国的老百姓自愿迁移过来的多达7000余家；我还有一个名叫种首的大臣，负责维护秩序，缉拿盗贼，他向各地发布告示，晓以利害，让老百姓群起监督，结果歹徒绝迹，盗贼自首，形成了夜不闭户、路不拾遗的太平局面。要讲国宝，以上 4 位出类拔萃的贤才，才是我们的国宝。他们的思想和业绩所反射的光辉，连千里之外的地方都照耀到了，哪里是那些仅仅可以照亮 12 辆车子的宝珠所能比的。"

魏惠王一听，脸羞得通红。齐威王将自己的"国宝"与魏惠王的国宝做了一番比较，对方只能照亮 12 辆车子，而他的却可以照耀到千里以外，使得天下太平。能将这两种具有极大反差的"国宝"放在一起，孰优孰劣，一目了然。

总之，因果正反的幽默说话术是巧取胜利的论辩之法，它通过事物逻辑的相互比较，让对方百口莫能与之辩。但是，如果论敌用正反比较进行诡辩，要反驳这种诡辩，应当注意对方的材料是否真实、标准是否合理、分析是否全面等。

逻辑严密，环环相扣

幽默逻辑方法要求我们具有缜密的逻辑思维能力，能根据一切有关的参考材料，使所有正面的、反面的论证形成一个整体，尤其不要忽略一些重要的但又是细微的细节。

爱尔兰哲学家伊里杰纳任法国宫廷学校校长时，查理二世时常同他开玩笑。某次查理二世与伊里杰纳共进午餐，两人频频举杯。查理二世突然问他："一个爱尔兰人和一个酒鬼有何区别？"

查理二世的问话是双关语，因为伊里杰纳是爱尔兰人，爱尔兰人的英文发音与酒鬼的发音很相近。查理二世的意思是指伊里杰纳是酒鬼。

伊里杰纳机智地回答说："一张桌子。"意思是说桌子这边是爱尔兰人，那边是酒鬼，反而把查理二世奚落了一顿。

从分析的方式来说，有方面分析、阶段分析、层次分析；从分析的方法说，有特征分析、条件分析、因果分析，有辩证分析、比较分析、趋势分析、系统分析、综合分析，等等。

我们着重讲辩证分析，是从建构逻辑框架，严守逻辑方阵，如何获胜的角度来考虑的。重要的是要灵活而巧妙地将逻辑关系应用到语言中，而这些是建立在严密的、全面的思索基础上的。体系严密，攻守自如，环环相扣，自然会达到事半功倍的效果。

另外，逻辑的严密性需要考虑到辩证中的逻辑对比。逻辑对比法就是把话题与相关问题进行比较，并以之为据进行辩驳的方法。比较的过程就是发挥的过程，它不仅具有反驳的特殊功效，同时也是一种有效的证明手段。

有这样一段话，其含义也是非常深刻的：假如一位银行家写了一首糟糕透顶的诗，有人会赞美他，但是一位诗人要是写了一张假支票，后果将是什么呢？

运用对比进行辩驳，应当注意的问题是，两个对象之间必须具备可比性，具有本质上的相同因素，同时，将两个对象进行多方面的比较发挥，这样说理才能有说服力。

类比则是逻辑方法的运用。它是根据两个对象之间具有某些相同或相似的属性，从而推出它们的其他属性也相同或相似的方法。如果能因势利导，针对对方的话题或本方的观点，做出富有创造性的生动形象的类比，可以使对方心悦诚服，使己方处于主动，取得意想不到的效果。

谬误逻辑，绕晕对手

所谓谬误逻辑，就是以看似不合常理的表达方式，来处理各种突发事件，为自己解围，或回击他人的讽刺。幽默口才中的谬误逻辑主要有两种方法：

1. 兑现斥谬法

兑现斥谬法就是以绝妙的语言"威逼"对方依其自己的谬误自行现身，然后抓住对方的谬误不放并加以"发挥"，狠狠地反击对方使其无处逃身。这种办法通常用于对付那种善于哗众取宠，而其言语又具有一定的煽动性或欺骗性的对手。他们惯常以貌似有理实则无理的逻辑来蛊惑听众。面对这类对手，逼其自行现身令其当场出丑，无疑是一种妙招。请看下例：

有一个自以为是的青年向别人卖弄他的新观点——一切都是幻觉。有一回，他聚集了几个人，一本正经地"兜售"自己的"说教"。言语中，左一个幻觉，右一个幻觉，甚至说"所有人在所有的事实面前都是幻觉"。听的人有的摇头，有的半信半疑。旁边有两个人耳语了一番，其中一个人跑了出去，不一会儿又跑了回来，对那个青年说：

"快！你的电话！你的妻子被车撞了，现在已送到医院去抢救了。"那青年一听脸色顿时煞白，慌忙站起来就要往外跑。

另一个人却一把拉住他："急什么？你妻子被车撞不过是幻觉罢了。"

那青年气急败坏地直跺脚："出了这么大的事，你还有心思开玩笑？"

制造假消息的那个人接着说："别着急，确实是跟你开玩笑。不过你是被幻觉吓着了吧？"

旁边的人听了，全都心领神会地哈哈大笑，而那青年被人出了"洋相"，又气又恼，却无言以对。

这个玩笑开得虽然有些过分，但不难看出两个开玩笑的人正是针对那个青年对"幻觉"的荒谬观点，用兑现斥谬的现蒀现卖法来驳斥那个青年的谬论。兑现斥谬法之所以有强大的逻辑力量，能有效地驳斥谬论，就在于这种方法是以客观事实为武器，使对方在现场现出原形，而一旦现出原形，任何貌似正确的谬论的错误本质也就昭然若揭了。

2. 借谬得利法

借谬得利法在逻辑上有些类似钻空子。即利用别人倚仗某种势力或权力而制定的不合理规定或所说的失误的话予以断章取义或别解，然后对其中仅有利于己方利益的部分进行发挥。借谬得利法从理论上讲，似乎比兑现斥谬法更近乎歪门邪道，但在实际运用中，很难说得上究竟谁对谁错。

某单位欲招聘有特长的员工，但是招聘好几次都没有找到比较合适的，这一次发布招聘广告上特意加上一句：有特长方可应聘。这一次前来应聘的又有几十人。

这时一个青年来到面试的地方向主考官递交简历，简历上赫然写着："专长——说谎大师，造谣能手。"主考官觉得可笑，就对他说："那你现在就给我表现一下好了。"青年走出门外，对在外排队应聘的人们说："大家都不要等了，这里唯一的招聘名额已经确定是我了。"

这个青年这话实在绝妙，也令所有在场的人包括主考官在内大吃一惊。谁错了？谁都错了。谁没错？谁都没错。

归谬逻辑，一非百非

东汉哲学家王充，曾和一些有迷信思想的人发生过一场辩论。有人说："人死了，人的灵魂就变成了鬼，鬼的样子和穿戴跟人活着的时候一模一样。"

王充反驳道："你们说一个人死了，他的灵魂能变成鬼，难道他穿的衣服也有灵魂，也变成了鬼吗？照你们的说法，衣服是没有精神的，不会变成鬼，如果真的看见了鬼，那它该是赤身裸体，一丝不挂才对，怎么还穿着衣服呢？并且，从古到今，不知几千年了，死去的人比现在活着的人不知多多少。如果人死了就变成鬼，就应该看到几百万、几千万的鬼，满屋子、满院子都是，连大街小巷都挤满了鬼。可是，有几个人见过鬼呢？那些见过的，也说只见过一两个，他们的说法是自相矛盾的。"

有人辩解说："哪有死了都变成鬼的？只有死的时候心里有怨气、精神没散掉的，才能变成鬼。古书上不是记载过，春秋时候，吴王夫差把伍子胥放在锅里煮了，又扔到江里。伍子胥含冤而死，心里有怨气，变成了鬼，所以年年秋天掀起潮水，发泄他的愤怒，可厉害哪，怎么能说没有鬼呢？"

王充说："伍子胥的仇人是吴王夫差。吴国早就灭亡了，况且吴王夫差也早就死了，伍子胥还跟谁作对、生谁的气呢？伍子胥如果真的变成了鬼，有掀起大潮的力量，那么他在大锅里的时候，为什么不把掀起大潮的劲儿使出来，把那一锅滚水泼在吴王夫差的身上呢？"

王充在这里反驳论敌时就是使用了连锁的条件归谬式。他先假设论敌的观点是正确的，由此推出了一系列的荒谬结论，这就给了论敌当头一棒，使他们张口结舌，哑口无言。

这种以谬攻谬的幽默的力量是后发制人的。关键不在于揭露对方的错误，而是在荒谬升级中共享幽默之趣。而要达到这个目标，得有发现对手推理错误的能耐。

19世纪末，伦琴射线发现者收到一封信，写信者说他胸中残留着一颗子弹，须用射线治疗。他请伦琴寄一些伦琴射线和一份说明书给他。

伦琴射线是绝对无法邮寄的，如果伦琴直接指出这个人的错误，并无不可，但多少有一点居高临下的教育的意味，伦琴采用了以谬还谬法。

伦琴提笔写信道："请把你的胸腔寄来吧。"

由于邮寄胸腔比邮寄射线更为荒谬，也就更易于传达伦琴的幽默感。

这样的回答是给对方留下了余地，避开了正面交锋的风险。在家庭生活中、社会交际中，针锋相对的争执常引起不良的后果，而以谬还谬的幽默，把一触即发的矛盾缓和了。

在人际交往中，互相幽默的攻击有两种。一种是纯粹戏谑的，主要为了显示亲切的情感引起对方的共鸣，或者为了展示智慧，引发对方欣赏。一种是互相斗智性的，好像进行幽默外的比赛，互相争上风，这时的攻击性更重要。当然有时攻击性是很凶猛的，但表现形式是很轻松的。不管有无攻击性，都以戏谑意味升级为主。将谬就谬乃是使戏谑意味升级的常用办法，即明明知道对方错了，不但不予以否定，反而予以肯定，而肯定的结果是更彻底的否定。

矛盾逻辑，解难开围

　　在古希腊有一位学者叫欧几里得。他学识渊博，对哲学很有研究。他家境也较富裕，曾雇用了几位工人，一个叫欧布里德的年轻人也在他家里做工。

　　欧布里德既年轻又聪明，喜欢与人辩论，而且没理也要狡辩一番。他常常用那诡辩的办法去刁难人，使一些人上了当。

　　有一次，天气突然变化，马上就要下雨了，欧几里得的晒谷场上还有晾晒的稻谷没有搬进粮仓，于是就派欧布里德赶紧去处理一下，免得把稻谷淋湿。

　　欧布里德并没按主人的吩咐去做，结果不少谷堆遭到了雨淋。欧几里得知道以后，很生气。他派人找来了欧布里德，为这件事责怪他。可是欧布里德却不服气，狡辩道："先生，情况并不是您想象的那样。一粒稻谷总不能算一个谷堆吧，加上一粒后，也不是谷堆哇！再加上一粒也成不了谷堆。即使继续加上一粒，也仍然不是谷堆呀！可见，每加上一粒，也都成不了谷堆，所以谷堆根本就不存在。既然这样，您还要我去搬、去盖什么呢？"

　　欧几里得看着他那狡黠的笑，心里又好气又好笑。气的是这人自己错了，竟然要无理搅三分，睁眼说瞎话；笑的是他自作聪明，居然班门弄斧。于是只是笑了笑，没有再责备他。欧布里德高兴极了，觉得他的诡辩又成功了，主人对他无可奈何，所以又以此在同伴中炫耀。没过多久，该发薪金了。主人家的雇员都拿到了自己的薪金，唯独欧布里德一个钱币也没有拿到。他去问管家，管家说不知道，他只好气冲冲地去找欧几里得了。

欧布里德见到主人后就问道："先生，怎么没发给我薪金呢？"

欧几里得听完，笑了笑说："是吗？大概也不是你想象的那样啊！一个钱币该不是你的薪金吧。加上一个，也还不是你的薪金呀，再加上一个，也同样不是你的薪金。这样，每加上一个钱币，也都不是你的薪金。因此，你的薪金根本就不存在，你让我发给你什么呢？"

以其人之道，还治其人之身，充分利用了逻辑的推理论辩，用对方的观点思路去反驳，对方就不能自圆其说了。这不失为开围解难的一大有效武器。

为别人解难，要懂得以其人之道，还治其人之身的幽默技巧，需要锻炼自己明晰的思维逻辑。

现实生活中常常有人由于缺乏必要的语法修辞知识，又不注意逻辑思维的训练，导致说话时前言不搭后语，条理不清，逻辑混乱，因此逻辑思维不强也是语言不流畅的一大原因。这种词不达意的言语，不但使对方听着吃力，而且会阻碍交往的进程和深度，影响良好人际关系的建立，本人也会因此感到烦恼。

总之，要增强自己口头表达的幽默逻辑能力，应注重在实践中不断锻炼，在谈话过程中发现漏洞，可及时采取措施加以补救。

第 7 章
幽默思维——让创新思维提升智慧幽默

幽默思维：意料之外，情理之中

一个刚退休的老人回到家乡，在小城买了房住下来，想在那儿宁静地打发自己的晚年，写些回忆录。

刚开始的几个星期，一切都很好，安静的环境对老人的精神和写作很有益，但有一天，三个半大不小的男孩子放学后开始来这里玩，他们把几只破垃圾桶踢来踢去，玩得不亦乐乎。

老人受不了这些噪音，于是就出来跟年轻人谈判。"你们玩得真开心。"他说，"我很喜欢看你们踢桶玩，如果你们能每天来玩，我就给你们三人每天每人一块钱。"

三个年轻人很高兴，更加起劲地表演他们的足下功夫。过了三天，老人忧愁地说："通货膨胀使我的收入减少了一半，从明天起我只能给你们五毛钱。"

年轻人很不开心，但还是答应了这个条件。每天下午放学后，继续去进行表演。一个星期后，老人愁眉苦脸地对他们说："最近没有收到养老金汇款，对不起，每天只能给两毛了。"

"两毛钱？"一个男孩脸色发青，"我们才不会为了区区两毛钱浪费宝贵时间为你表演呢，不干了。"

从此以后，老人又过上了安静的日子。老人退休前，是一家单位的工会主席。老人运用的是一种幽默的超级思维，一种反常规的幽默思维方法，为了实现不让孩子们踢垃圾桶的目的，而在起初用报酬鼓励他们去踢，并在逐渐递减报酬的情况下，引发了孩子们的拒绝心理。

我们日常的幽默交谈是思维的外化，是思维的一种工具，没有思维就没有语言。语言表达过程，实际上是把思维的结果表述出来的过程，说话交谈就是从内部言语向外部言语转化的过程。

确定说什么是一种思维活动，在说什么与怎么说之间进行着快速的转换过程：思想—句子类型—词汇—语言。这个过程是完整的，任何一个环节出了差错，都会影响表达的进行。因此，从思维到语言的转化过程十分重要，进行这方面的基础训练有利于加强我们对语言的控制能力，从而更好地驾驭语言，发挥幽默语言的魅力。

1. 定向思维训练

定向思维是指按常规恒定模式进行的思维。定向思维的训练可培养我们对问题做深入思考的能力，有助于养成深入分析问题，透过现象看本质的良好思维习惯。

可拟定一些比较容易的叙述、说明、介绍方面的题目进行训练。为了使思维有条理，可在表达中插入一些常用的言语链。比如关联词"因为""所以""于是""之所以……是因为……"。可以按时间的先后和位置的移动进行表达；可以采取先总后分，先分后总等方式练习等。

2. 逆向思维训练

逆向思维训练是反过来想一想，变肯定为否定，或变否定为肯定；变正面为反面，或变反面为正面。例如，世人一般把"这山望着那山高"喻为贪心不足而赋予贬义，如果化贬为褒，将其含义用于人类勇于向新的科学高峰攀登的赞颂中，岂不又可以肯定它了？例如爱因斯坦敢于取代牛顿的经典物理学说，用运动员一次次刷新纪录等事例说明人就是要有"这山望着那山高"的进取精神，批评那种"无为而顺其自然"的"知足常乐"的消极态度。

因此，进行逆向思维能培养逆向思考问题的能力、独立发表见解的能力。

多向思维：用发散力，造幽默力

幽默思维是一种灵活的趣味思考方式，具有发散性的特征，而发散思维正是创造力的来源，创造力则催生着新鲜的幽默方式的出现。

发散思维是整个创造性思维的基础和核心。它追求思维的广阔性，大跨度地进行联想。人们的发散思维对语言的创新和发展是必需的，发散思维的培育需要的不仅是丰富的内容，还需要经常对常规进行洞察与反思，需要的是灵感与智慧。

许多幽默者都是借助于发散思维获得机遇的。可以说，发散思维是创造的发源地。不做毫无个性的跟随者，最重要的就是要有自己的创意。创意就是你的幽默力与生命活力的迸发。

两个学生在读法典与抽烟的问题上争论不休，他们一起去找教授评理。

第一个学生说："教授，读法典时能抽烟吗？"

教授严肃地回答："当然不能！"

第二个学生马上问："那抽烟时读法典行吗？"

教授答道："当然可以！"

为什么同样的问题，不同的提问方式，结果迥然不同呢？其根本原因就在于思维角度的差别。第一个学生的提问方式会让人认为是在亵渎法典，而第二个学生的提问方式则使人认为学习刻苦。可见，一个人的思维视角，反映出这个人的思维深度，角度决定深度，深度决定了说话的幽默度。

在工作和学习中，由于职业和生活习惯使然，人们的思维视角很容易被固化、钝化，从而形成一种思维定式，要提高发散思维能力，就必须改变思维视角。

有一家烟草公司，试制了一种新品牌卷烟，命名为"环球牌"，正准备大张旗鼓推出的时候，却逢全国性的反对吸烟运动。怎么办呢？"宣传香烟"与"禁烟运动"，截然相反的两回事，两者之间又没有共同点，如何进行宣传呢？

为了打响自己的香烟品牌，而又不与当前的戒烟浪潮相冲突，该公司的公关人员经过一番策划，终于打出这样一条广告："禁止吸烟，连环球牌也不例外。"

这种视角是一种同中求异的视角，即找到两种截然不相容的东西的某些共同点，然后强调其中的某一部分不同点，从而达到强调的目的。宣传香烟和禁止吸烟当然不能相融，但相同点都针对的是香烟，从语法上说，"连环球牌也不例外"这句话是重复，但这种重复对商家而言，却正好达到了其宣传的目的。

"今年过节不收礼，收礼只收脑白金"被很多人评为中国广告中最烂的广告，但是这个最烂的广告却产生了最大的效益。仔细分析这句广告词，你会发现有严重的语句毛病和逻辑毛病，但是商家就是要达到这样一种求异的效果，这恰恰是刻意创造的。当所有人都要去挖金子时，你就该考虑挖煤还是挖别的了，及时转换思维角度是最关键的。通过类比、联想、换位等方式，可以更进一步开阔人的思维视角，进而助力于口才的创新与进步。

生物老师正兴致勃勃地在讲台上描述非洲野猪的长相，偶尔眼光一扫台下，竟发现多数学生在打瞌睡。于是老师大为恼火，喝道："你们要看着我啊！不看我，你们怎么会知道非洲野猪长什么样子？"

上述案例可以看成是视角迁移，即从一个物体的认识拓展到另一个物体的认识上去，往往会产生非常诙谐幽默的效果。幽默家应该不断地更新自身的思维结构，不断地改换思维视角，从而丰富自己认识事物的方法，提高认识事物的能力。

思维角度决定深度，一个人怎么看待事物，就会得出什么样的结论，只有不断地改变自己的思路，不断地变换思维视角，才能多样化地认识事物，才能促使自身思维的发散，才能将自己幽默口才独创到无人能及的地步。有创意的幽默口才是最吸引人的语言。因此，不妨在考虑问题的时候多多转换视角，用发散性的想象力捕捉到更多的幽默灵感。

其中，幽默思维中的多向思维训练方式主要可以通过以下 3 点来实现：

（1）注重发散思维的培养。所谓的发散思维，是指在创造和解决问题的思考过程中，根据已有的信息所进行的无定向、无约束的探索未知世界的思维模式。按照美国心理学家吉尔福德的看法，当发散思维表现为外部行为时，就代表了个人的创造能力。当进行创新的发散思维的时候，特别是在设想阶段的时候，应该尽最大可能打破脑中原有的约束，让大脑沉浸在一片空白的空间中，尽情地发挥联想。

（2）在多数人不愿接受以及不愿考虑的事情上，不去循规蹈矩，敢于质疑一切老生常谈的问题。勇于突破限制，在完成任何一件事情的过程中，善于重组规则。

（3）培养急骤性的想象能力，即在集思广益中迸发的创造性观点。万事都要乐于去问一个为什么，乐于去敏锐地观察，以时刻培养着联想出变革的新方法。

趣味思维：有效沟通中的思考法

没有趣味的幽默不是真的幽默，幽默需要在趣味中给自己也给他人带来思考的机会与空间。

有时候，我们需要以有趣并有效的方式来进行沟通，以表达人情味，给人们提供某种关怀、情感和温暖。

　　某大公司的董事长和财税局长有矛盾，双方很难心平气和地坐在一起，可是又必须把他们都请来，参加一个重要的会议。他们不得不来，但是双方都对对方视而不见。这时会议主持人抓住他们的矛盾，进行了趣味调节。他向人们介绍这位董事长时说："下一位演讲的先生不用我介绍，但是他的确需要一个好的税务律师。"听众爆发出一阵大笑。董事长和财税局长也都笑了。

　　这就是"趣味思考法"——不要正面揭示或回答问题，而是用愉悦的、迂回的方式揭示或回答问题，从而避免了生硬的感觉所产生的无趣、乏味。

　　著名足球教练罗克尼，也是个善于进行趣味思考的人。有一次球赛，罗克尼的诺特丹足球队在上半场输给威斯康星队7分。

　　可是他在休息室中一直与队员们开玩笑，直到要上场进行下半场比赛时，他才大喊："听着！"队员们惊慌失措地望着他，以为他要把每一个人都大骂一通，但是罗尼克接下去说，"好吧。小姐们，走吧。"

　　没有责备，没有放马后炮，也没有指手画脚强调下半场如何踢球。罗克尼的乐观、豁达，使队员们克服了心理上的障碍，帮助队员忘掉艰难的处境。他的球队在下半场创造了奇迹，踢出了一连串漂亮的球。后来罗克尼对采访他的人说："不是我赢了。而是我的趣味思考法赢了。因为我知道我们精神上赢了，那么球也就赢了。"幽默处理使他赢得沟通以及比赛。在沟通中自我辩解常显得无趣，它会让你觉得反而不是那么回事。但是，你如果运用"趣味思考法"，给人的感觉可能就不大相同。

幽默作家班奇利，在一篇文章中谦虚地谈到他花了15年时间才发现自己没有写作的才能。结果一位读者来信对他说："你现在改行还来得及。"班奇利回信说："亲爱的，来不及了。我已无法放弃写作了，因为我太有名了。"

这封信后来被刊登在报纸上，人们为之笑了很长时间，事实上是班奇利的幽默作品闻名遐迩。在上述事件中，班奇利并没有指责那位缺乏幽默感的读者，他以令人愉悦的、迂回的方式回答了问题，既保护了读者的自尊心，也保护了自己的荣誉，并且，没有使这个自我辩护成为乏味的争吵。

逆向思维：反其道而"思"之

在幽默的思维逻辑中，逆向思维是重要的一种思维方式，逆向思维也叫求异思维，它是将平时司空见惯的似乎已成定论的事物或观点反过来思考的一种思维方式。敢于反其道而"思"之，让思维向对立面的方向发展，从问题的相反面深入地进行探索。没有灵活处理逆向思维能力，就难以将幽默的口才发挥到最佳的状态。即是说逆向思维的思考方式是幽默口才的思想支撑。

运用逆向思维去思考和处理问题，实际上就是以"出奇"去达到"制胜"。因此，在工作中，逆向思维的结果常常会令人大吃一惊，另有所得。

当我们遇到问题时，不妨"倒过来想一想"，方法总是有的，只要努力去找，就有可能把坏事变好事，又能发现许多创造出来的良机。

一位思想家说："生活中不是缺少美，而是缺少发现。"我们也可以把这句话换一种说法："在我们个人成功的道路上，并不缺乏机遇，而是缺乏能够创造机遇的头脑。"

面对种种机遇和难题，让思维转个弯，我们就会发现处处都藏着创意和机遇。

古往今来的能说会道者，都非常善于运用逆向思维。逆向思维蕴含着人们认识世界的一种独特个性，这种思维，倡导从事物发展的反面、反向去认识事物，从而抛弃常识思维单一的、浅薄的认识事物的方式。

有一个叫哈里逊的小男孩，性格内向，不善言辞，众人便以为他智力有问题。有人在他面前丢下10美分和5美分两个硬币，哈里逊只去拣那个5美分的，人们就嘻嘻哈哈地笑他傻。

此事流传甚广，很多人便纷纷来测试，每次哈里逊都拣5美分，大家便大笑不止。有一次，有人问哈里逊："你为什么每次都拣5美分，难道不知道10美分是5美分的两倍吗？"

"当然知道。"哈里逊说，"可如果我拣10美分的硬币，那还会有人在我面前扔钱吗？"

这个叫哈里逊的小男孩后来成为美国总统。他从小形成的逆向思维能力，最终助他走向了成功，美国总统就是这样炼成的。

人们的思维活动存在正向和逆向两种方式。正向思维是沿着人们习惯性的、由因到果的思路思考问题的一种思维方式。在通常情况下，这种思维方式比较有效，能解决大部分常规问题，但在一些特定条件下，这种常规思维方法不仅不能解决问题，而且还会束缚人们的思路，影响人们的创造性。这时，如果善于转换视角，从逆向去探求，从相反的方向去思考，往往会引起新的思索，产生超常的构思和不同凡响的新观念。

其实，在社会生活的各个层面，运用逆向思维都可以产生非常强大的思维能量。在竞争中运用逆向思维，可以使企业获得竞争的主动权；在交流沟通中运用逆向思维，可以增强沟通的有效性和趣味性；在战略决策中运用逆向思维，可以发现市场空白，从而找到属于企业自身的蓝海商机。逆向思维，也是企业家迈向成功的重要基石。

从广义上讲，凡是在进行思维活动时，颠倒了事物的顺序，改变了认识问题的方向的思维方式都可以认为是逆向思维；从狭义上讲，逆向思维主要指人们认识问题和解决问题的思维方向发生改变的一种思维方法。

逆向思维要求人们看问题不只是从一个角度、一个方向出发，而要从不同的角度，探讨事物存在和发展的多种可能性。运用逆向思维，有利于改变人们直线式的认知模式，能迅速激发人们的思维热情，从而大大提高幽默语言的表达能力。

联想思维：举一反三，自由想象

联想思维就是打破一切束缚和框框，给想象力插上了自由的翅膀。联想是创意产生的基础，在创意设计中起催化剂和导火索的作用，联想越广阔、越丰富，就越富有创造能力，语言也一样。越是富有丰富的联想力，幽默的效果就越有张力和情趣。

在与人交流中，如果要使联想创新获得成功，思维过程必定不是那种随心所欲的自由联想，而是一种定向的联想。那么，这种联想靠什么来定方向呢？研究表明，决定联想的方向并且使它转变成思维的动力是目的。对于创新思维来说，其目的就是找到解决问题的新创意、新思路，即使是大胆的离奇联想思维也是围绕着目的来展开的。

联想是人与生俱来的天赋。不过，它有赖于我们经验和知识的积累。一般而言，联想思维有下列几种类型：相似联想、启发联想、离奇联想、质疑联想、审美联想、飞跃联想等。联想不问对错，要点在于敢思善想，激发创造性思维。只要持之以恒，一日多思，一定可以到达创造的彼岸。

但是要注意的是，幽默的口才是为了点缀生活、乐化人生，并不是为了让自己无理取闹、荒诞地无中生有。鼓励联想思维不断开拓的根本，还是为了改变人们生活的现状，同理，在幽默语言沟通中鼓励联想思维的发挥，是为了改善人们的交谈环境，提升人们的说话能力与水平。

图书在版编目 (CIP) 数据

幽默与沟通 / 欣溶编著 . — 北京 : 中国华侨出版社 , 2018.3（2024.3 重印）
ISBN 978-7-5113-7528-5

Ⅰ .①幽… Ⅱ .①欣… Ⅲ .①幽默（美学）—口才学—通俗读物 Ⅳ .① H019-49

中国版本图书馆 CIP 数据核字（2018）第 031326 号

幽默与沟通

编　　著：欣　溶
责任编辑：高文喆
封面设计：冬　凡
美术编辑：武有菊
经　　销：新华书店
开　　本：880mm×1230mm　1/32 开　　印张：8.5　字数：183 千字
印　　刷：三河市华成印务有限公司
版　　次：2018 年 5 月第 1 版
印　　次：2024 年 3 月第 28 次印刷
书　　号：ISBN 978-7-5113-7528-5
定　　价：36.00 元

中国华侨出版社　北京市朝阳区西坝河东里 77 号楼底商 5 号　邮编：100028
发 行 部：（010）88893001　　　传　真：（010）62707370

如果发现印装质量问题，影响阅读，请与印刷厂联系调换。